阅读成就思想……

Read to Achieve

写趣系列

会写文案的人都这么写

新媒体写作一本通

长安野望 著

中国人民大学出版社
·北京·

图书在版编目（CIP）数据

会写文案的人都这么写：新媒体写作一本通 / 长安野望著. -- 北京：中国人民大学出版社，2023.12
ISBN 978-7-300-32264-3

Ⅰ.①会… Ⅱ.①长… Ⅲ.①传播媒介－文书－写作 Ⅳ.①G206.2

中国国家版本馆CIP数据核字(2023)第202799号

会写文案的人都这么写：新媒体写作一本通
长安野望　著
HUIXIE WENAN DE REN DOU ZHEME XIE：XINMEITI XIEZUO YI BEN TONG

出版发行	中国人民大学出版社		
社　　址	北京中关村大街31号	邮政编码	100080
电　　话	010-62511242（总编室）	010-62511770（质管部）	
	010-82501766（邮购部）	010-62514148（门市部）	
	010-62515195（发行公司）	010-62515275（盗版举报）	
网　　址	http://www.crup.com.cn		
经　　销	新华书店		
印　　刷	天津中印联印务有限公司		
开　　本	890 mm×1240 mm　1/32	版　次	2023年12月第1版
印　　张	7.5　插页1	印　次	2023年12月第1次印刷
字　　数	158 000	定　价	69.00元

版权所有　　侵权必究　　印装差错　　负责调换

前 言

我们为什么要学习新媒体写作

为什么要学习新媒体写作？在回答这个问题之前，请回想一下你的手机里有没有安装以下一个或多个App：微信、微博、今日头条、知乎、百度、抖音、哔哩哔哩（B站）、豆瓣……

几乎可以肯定地讲，你的手机里一定有以上这些App。

没错，我们在工作或生活的间隙里，在茶余饭后的碎片时间里，看看订阅的公众号、刷一刷微博上的娱乐新闻，在今日头条上看看有趣的生活内容，在知乎或百度上搜索并解答自己的困惑，在抖音上消磨闲暇的无聊时光，在B站上追番、看剧或学习知识，在豆瓣上给自己喜欢的图书和电影评论、打分……

这些行为几乎已成为我们的生活日常，也是这个时代大部分网民的生活写照。我们生活在一个被新媒体包围和覆盖的时代，我们用它们来获取新鲜信息、扩展社交边界、吸收新知乃至打发时间……

新媒体信息如同空气一样充盈于我们周围，与我们每个人密切相关，它们在潜移默化中影响着大众的思维、决定着大众的选择、左右着大众的情绪、消耗着大众的碎片时间……

觉得夸张吗？

那你有没有因为看了某篇关于自律的文章，被深深地打动，极其认同文中的观点，继而从内心深处也想做一个自律的人？你有没有因为看了某个账号对于某款化妆品图文并茂的介绍和推荐，从而对这个商品"种草"并进行购买呢？你有没有读过那些歌颂、赞扬正能量或批评社会不公正现象的文章，读后不是被感动得泪眼婆娑就是被气得义愤填膺？你有没有在深夜看到一篇引人入胜的故事，然后不知不觉间竟忘记了睡觉的时间？

我相信这些你都经历过，没错，这就是新媒体和我们的日常生活深度交融后的场景。

新媒体具有如此之大的能量，如果我们能够掌握它的生产、创造技巧，随之而来的价值自然也是不言而喻的。就普通人而言，学会新媒体写作会为我们带来哪些直观的好处呢？

新媒体写作是一个快捷的变现渠道

新媒体内容是一种每天都要被无数网民消费的信息资源，每天数以亿计的网民从睁开眼睛那一刻起，打开手机就能看到新的内容，包括新闻、知识、观点、情感、故事、教程等，网民就像嗷嗷待哺的婴儿一样渴望饱食一顿"信息大餐"。这就会催生一个需求巨大的市场，无数的公众号、MCN（多频道网络）机构、大V账号、资讯平台都对新鲜的、优质的新媒体内容如饥似渴，也就注定优质的新媒体内容势必会成为移动互联网时代的稀缺资源,同时也把新媒体写作变成了一个可供大众参与的快捷的变现渠道。

如果你掌握了新媒体写作的技巧,就能在变现的道路上拥有更多的选择:

你可以把自己擅长的内容创作出来,投稿给相关的公众号、平台账号等新媒体内容集散中心,用以换取相应的稿费。这是"自由撰稿人"的玩法。

你可以把自己所学的专业、擅长的爱好梳理成一门课程在平台上进行售卖,这样一来,一次创作长期营收,就算在睡觉的时候,你也会有钱入账。这是"知识付费"的模式。

你也可以用自己极具感染力的文笔和对某个领域的充分了解,为读者推荐、盘点、测评某类产品,为他们推荐更好的产品,为他们节约更多的时间,从而获得推荐返佣。这是"带货创作者"的变现渠道。

你还可以对社会现象和新闻事件进行评论,以犀利的文笔、独到的观点征服读者,斩获一众粉丝的热爱,成为某个领域中极具影响力的人。这是"关键意见领袖"(KOL)的进阶之路。

你甚至可以以写短篇故事为乐,把自己头脑中那些奇思妙想幻化成一个个有趣的故事和人物,从付费阅读到出售版权,获取可观的收入。这是一个"小说家"的成长之旅。

新媒体写作能够扩大个人影响力

新媒体创作者通过持续输出,会逐渐收获一波铁杆粉丝,成为一个自带流量且具有一定影响力的媒体人，这会让创作者本身变得更加"值钱"。

无论是应聘还是跳槽，如果你的简历上写着"自媒体账号运营者，全网粉丝20万，多款10万+爆款文章作者"，可以想象，无论哪个企业都很难拒绝那些自带光环和流量的员工，并且这种影响力会蔓延到你的工作、生活和社交等多个方面，为你带来很多意想不到的便利和好处。

最难能可贵的是，新媒体的包容性极强，它不会像传统媒体那样审查你的来历、资质，甚至考验你的文化底蕴，只要求你文笔通顺、结构清晰、言之有物。能达到以上三点的文章就是一篇合格的新媒体文章，你可以在自己熟悉的领域里任意发挥。

如果你是职场人士，那就写写职场的人情世故或领导同事之间的有趣故事。

如果你是全职宝妈，那就分享一下育儿经验，或是在养育宝宝过程中的心得体会。

如果你是专业人士，那就把你的专业技能教给大家，让读者收获成长。

如果你是一名在校大学生，那就分享一下学校的趣事和自己专业领域的实用知识。

…………

在新媒体领域繁荣发展、内容领域被不断细分的大趋势下，就连以往十分冷门的领域,现在也能吸引大量读者,比如以前属于冷门的农业及畜牧行业,现在也成了三农领域里的热门内容。

因此,在中国的巨大人口基数下,就算冷门领域也能积攒规模足够大的用户群体。前提是我们需要创作优质的内容,才能留住粉丝和用户,形成自己在该领域里的影响力。

新媒体写作能够倒逼个人成长

网络时代,我们看到过很多普通人逆袭成功的例子,我们在内心深处也都渴望自己变得更自律、更上进,从而完成一次属于自己的逆袭。《认知觉醒》的作者周岭提出了一个能够在短时间内快速成长且成本极低的"五件套":早、冥、读、写、跑。

其实,成为一个新媒体创作者,同样也是一条改变自己的捷径。

写作是一个不断输出的过程,输出自己的观点、思考、阅历、知识……时间久了,总会有灵感枯竭的一天,因此作为新媒体创作者,通过大量阅读来进行认知输入,是必须要做的功课。

因为写作,你需要读书;因为写作,你需要思考;因为写作,你需要经历学习、吸收、反刍、整理。然后,完成输出的整个过程。带着这样的目的去读书,你会比别人读得更深入、思考得更透彻、输出得更有逻辑。

我们在整个过程中不知不觉地完成了"费曼学习法",学习新知,将其内化成我们自己的东西,然后用自己的方式创作出新的认知。还有什么方法比写作能够让你成长得更快呢?

最后，本书涵盖了新媒体写作需要了解和掌握的几乎全部内容，这些都是我和我的团队多年来在新媒体领域里深耕内容、运营账号、实现变现的一线经验。从如何找到自己的创作定位，到每一种题材的写法，再到如何运营自己的新媒体账号，都做了较为详尽的阐述。

希望本书能够让你在新媒体写作的道路上少走弯路，尽快通过写作成功变现，实现自己更高远的梦想。

目录

第 1 章　个人写作领域定位 _1

　　找到属于自己的写作领域 _3
　　明确新媒体写作的切入点 _8
　　选择写作领域的三大原则 _12

第 2 章　写作变现的渠道 _21

　　商业软文的变现模式 _23
　　故事写作的变现模式 _29
　　打造 IP 的变现模式 _37
　　付费专栏的变现模式 _44
　　出版的变现模式 _48

第 3 章　零基础写作从搜集素材开始 _51

　　块状分类，积累素材 _56

紧跟热点，事半功倍 _59

梦境联想，灵感扩散 _62

第 4 章　新媒体文章创作全攻略 _65

符合碎片化的阅读场景 _68

营造流畅的阅读感受 _69

不假思索的好标题 _77

创作属于你的好标题 _83

写出过目不忘的金句 _89

文章中段的逻辑与结构 _98

让人无法离开的开头 _110

好结尾是下一个好开始 _118

第 5 章　妙趣横生的故事写作 _127

写故事的灵感从哪里来 _131

用一句话描述故事核心 _138

到底要不要写大纲 _141

七步搭建大纲结构 _144

如何用马斯洛需求层次理论讲好故事 _155

目 录

如何塑造有魅力的故事角色 _162

如何写出有深度的台词 _168

如何写出好看的人物故事 _174

第 6 章 写作变现与个人 IP 运营 _185

文字消费市场的本质是什么 _187

写作者也需要敏锐的市场嗅觉 _189

如何切入本地圈层 _192

如何选择和建立平台 _194

如何运营自己的平台账号 _201

如何把公域流量变为私域流量 _207

如何进行自我营销 _210

附　录　投稿的正确方式 _219

后　记　视频时代，文字依然有未来 _223

第 1 章

个人写作领域定位

找到属于自己的写作领域

在正式开始进军新媒体写作领域之前,面对各种类型的写作题材、写作平台及五花八门的文章分类,新手作者时常不知道从哪里开始。无论是裹足不前、驻足观望,还是随便扎进一个领域埋头苦干,都不是最优选择。

"临渊羡鱼,不如退而结网",在写作之前给自己找到合适的领域、清楚的定位和精准的切入能够让我们少走许多弯路。在瞬息万变的新媒体写作领域,没有太多的试错时间,我们需要在一开始就找到属于自己的"地盘",然后深耕细作、持续输出,最后才能有所收获。

那么,作为新手作者,如何才能快速而精准地找到适合自己的写作领域呢?

我们可以通过分析三个问题来找到准确的答案。

互联网时代,人们的阅读需求有哪些

总体而言,虽然新媒体的内容市场中题材丰富、领域众多,但我们可以按照内容提供的价值将其分为两个大类:消遣类内容和实用类内容。

消遣类内容具有沉浸感较强、注重阅读体验、注重引导情绪、注重引发思考等特点，主要呈现类型以故事为主，包含情感故事、悬疑故事、睡前故事等虚构故事和关于职业经历、个人经历、社会事件等真实故事。

这类内容的主要作用是使用户在碎片化时间内，能够有一个完整的、带有故事情节的、能引发思考或提供慰藉的沉浸式体验，文章篇幅一般不会太长，字数在 3000 ~ 10 000 字，阅读时长为 5 ~ 12 分钟。

这类内容属于情感消费品，提供给用户的是心理体验或碎片化时间的消遣娱乐方式。

另一个内容大类是实用类内容，相对于消遣类内容而言，这类内容的目的性更强，一般以替用户节约时间或提供某类问题的解决方案为主。涵盖内容主要有问答类、总结类、盘点类、教程类、带货类等。

这类内容以其快捷、实用受到读者和用户的喜爱与追捧。比如，某位用户第二天要参加一个重要的面试，他在浏览网页时同时看到了两个标题：

A：《面试中如何安全回答那些刁钻的提问？》

B：《入职 15 天，我成为全公司的女性公敌》

从标题来看，第一篇文章属于实用类内容，能够给读者提供在面试过程中所遇问题的参考意见或解决方案；另一篇文章讲述的是职场故事，提供了职场中的花边新闻或奇葩经历。

虽然两篇文章都与职场相关，却有着不同的阅读场景。作为第二天刚好要参加面试的读者，大概率会选择阅读更实用的内容，并期待这篇文章对自己的面试有所帮助。

如果这位读者已经有了稳定的工作，关于面试的教程类内容对其而言就不是刚需，那此时面试教程内容就远不如一个职场故事更具吸引力。

所以，无论是为用户提供消遣类内容，还是提供实用类内容，在价值上是同等重要的。你唯一需要关注的是，选择一个更适合自己的领域。

我的专业领域能够输出哪些价值

了解了大体的内容分类之后，我们就要追问自己：我能写点什么呢？我能输出什么有价值的内容来吸引读者的关注呢？

这里的价值并非单指知识、教程、观点类内容，也包含情绪。比如，轻松诙谐类的文本与情感抚慰类的故事和文字。能够触发读者某种情绪的内容也同样有价值。

当然，对于新手作者而言，最好的切入点是自己的职业和专业领域。

俗话说：三句话不离本行。一般来说，本职工作是每个人赖以生存的"饭碗"，我们对于自己的职业领域非常熟悉，从自己熟悉的领域着手进行输出，会让你更有信心、更有底气，内容也会更有价值。

此外，新媒体写作是一个持续输出的过程，即便我们一开始能创作了几篇爆款文章，收获了一大波粉丝和上百万的阅读量，但如果没有找到持续的发力点，随着后期创作思路的枯竭，同样会遭遇写作瓶颈。

因此，从自己的专业领域里选择输出的内容，能让我们保持长期、系统、完整地输出，提供给读者更好的阅读体验，同时也为我们打造更专业、更可靠的人设打下坚实的基础。

举个例子：

> 苏琪是一个拥有10年导游工作经验的女孩，因为工作的缘故，她对国内西南地区的各个旅游景点和路线都非常熟悉，于是她开始在自媒体平台上输出内容，专门针对某个旅游景点进行盘点和推荐：如何避免旅游中的强制消费？如何选择路线和酒店？景点附近有哪些小众的古镇？
>
> 这些内容本身就是她自己在工作中的经验积累，因此写起来非常轻松自信。她提供的内容都非常实用，文风诙谐幽默，而且还配上了自己在工作中亲手拍下的优美风景照片，读者的阅读体验非常好，因此才几个月时间她就拥有了10多万粉丝。
>
> 随着文章阅读量逐渐增加，影响力随之变大，各个景区纷纷找她合作，她很快走上了变现的快车道。

像这种凭借自己的专业进军自媒体然后变现的案例非常多，因为一开始输出的就是自己最熟悉的领域，写起来得心应手，无论是持续输出还是后期变现都会比较顺利。

所以，当我们不清楚自己能够写什么的时候，或是在选择创作领域的时候，可以首先考虑以自己的专业为起点。当然也有一些专业较为生僻和冷门，要么不太容易用文字表述，要么受众不感兴趣，比如机械精加工行业。对于这种情况，我们在本章的末尾部分会给出相应的解决方案。

我的兴趣领域能够持续创作吗

专业领域的内容创作是我们能够做到的，但仅凭"能写"远远不够，我们需要找到"我想写的领域"，只有自己真心热爱这件事，才能把创作变成可持续发展的事业。

以内在动力为导向，除了自己的本职工作以外，我们还可以从自己的兴趣爱好上寻找切入点。

兴趣爱好大概是人们除了工作和睡眠外投入时间和精力最多的领域了，甚至因为太过热爱，人们对自己的兴趣领域投入的精力和热情可能会超过本职工作。

和工作一样，人们对于自己的兴趣爱好同样非常熟悉，甚至在这个领域拥有很高的造诣。如果能够把这些内容整理之后予以输出，对于拥有同样兴趣爱好的读者和用户来说，这些内容无疑是非常有价值的。

> 阿梗是从小看动漫长大的，无论是国产动漫还是日本动漫，甚至是欧美动漫，她都非常熟悉，对那些经典动漫的作者和背后的故事更是如数家珍。带着这份热爱，阿梗开通了自己的公众号，刚开始她分享的是各种冷门、有趣的动漫，后来专门评论动漫作品，收获了大量同样热爱动漫的读者的关注。之

后她在公众号后台开通了小店，售卖动漫周边产品，很快就实现了变现。

拥有共同兴趣爱好的人会在网络上形成一个又一个圈层，他们通过网络平台、社交软件紧密地联系在一起。他们的分享意愿非常强烈，如果获得了这部分读者的喜爱，我们的作品就很容易传播，迅速获得较大的阅读量和影响力。

此外，对于兴趣爱好，我们总是充满热情，这就为我们后期的持续创作提供了源源不断的动力。

如果你留意的话，就会发现凭借自己的兴趣爱好成功入局新媒体赛道并收获第二份职业的网络大V比比皆是。所以，无论你的爱好是读书还是跑步，是侍弄花草还是制作手工，都可以成为自己进入新媒体领域并进行创作的起点。

明确新媒体写作的切入点

新手作者一般遵循由简入难的原则去寻找自己的切入点，通常从自己的兴趣、能力、个人专业素养、自身经历入手，可以找到四种简单的写作类型。

时评

如果你关心社会热点、娱乐新闻、刑事案件等时事新闻，并对这类题材感兴趣，又拥有自己独到的观点，就可以从时评内容入手，写出自己对新闻、社会、人文事件的独到观点或评论。

时评类内容创作有三大特点：一是具有强烈的争议性，二是大都与群众生活息息相关，三是容易形成社会热点。

比如：

> 全国人大代表张红伟建议缩短教育学制，他提交了一份关于调整中小学教育学制的建议，建议将小学由六年制改为五年制，高中由三年制改为两年制。他认为缩短教育时间有助于缓解教育负担加重、人口老龄化的矛盾。

这类新闻几乎和每个人的生活息息相关，并且会同时产生赞成和反对两种截然不同的看法，极具争议性。

根据这类新闻选择方向明确的评论观点，容易引起网友热议，网友会根据你的观点形成赞成和反对两派并进行讨论，从而把作品的流量推高，作品在短时间内可以获得高曝光和高评论。

在创作时事热点评论的图文内容时，需要注意两个问题：

一是观点要明确。针对一个社会事件，你必须明确给出自己的观点。无论是赞成还是反对，你在一开始就要表明立场，然后再来阐述自己为什么赞成或反对，逻辑是什么，根据哪些例证来对自己的观点予以支撑。要做到有理有据、观点明确，切忌站在中间立场和稀泥。

原本时事评论这类写作形式就是要明确表达个人观点，然后引发网友或赞成或反对的热烈讨论。如果你没有自己的观点，只是重复描述新闻本身的内容，就会显得毫无意义。

二是社会热点的筛选。在一则新闻刚出现时，我们应该具有敏锐的洞察力，判断它在未来一两天内会不会发酵成为一个社会热点。抓住那些具有成为热点潜力的新闻进行评论创作才能获得更大的关注度。此外，我们还需要有一双能避开那些敏感问题的火眼金睛，比如涉及国家政治的新闻最好不要去碰，以免被平台限流。

关心社会新闻又喜欢输出观点、具有强烈社会责任感的创作者，可以尝试从时评类内容写起，这是一条既简单又容易获得流量支持的创作之路。

技能输出

有一技之长或从事教学类工作的创作者，可以从自己的专业技能出发，将个人专业领域里的知识进行再次创作，利用自媒体平台做系统性输出，形成带有强烈个人风格的自媒体账号。比如教师、健身教练、心理咨询师、乐器老师、法律顾问等职业，都是非常容易转型成为新媒体作者的，他们可以通过分享自己的专业技能，将自己学到的知识转化成具有个人风格的文章，用深入浅出、风趣幽默、轻松活泼的文风分享给读者和用户。这也是很多新媒体写作者吸引粉丝的重要手段。

知识分享领域的创作者需要注意的是，千万不要把知识分享作为课件来写，在创作时要充分考虑用户特性和需求，互联网的阅读方式是碎片化、娱乐化的，我们需要在创作方式上更偏向通俗易懂、简单有效。

在网络上非常火的罗翔，他就是将艰涩难懂的法律问题转化成幽默搞笑段子，用各种奇葩的案例来普及法律知识，这些作品让人觉得耳目一新的同时又不失普法功能。

分享生活

把自己生活中的兴趣爱好作为输出的主要题材，顺利地切入新媒体写作领域，也是一个门槛较低的创作方式。

比起前两种方式，这种可以把兴趣爱好和写作结合在一起的方式，会让你的写作入门更加轻松有趣。无论你的爱好是家居、电子产品、宠物、花草、钓鱼，还是改装、美食、读书……你都可以把自己在这项爱好中收获的所思所想和有趣、有用的事情写成文章分享出来。

你的文章会收获大量有着共同爱好的朋友的关注，正因为是共同喜好，你的写作和分享会变得更加亲近，很容易就能收获粉丝，结交同道中人。

此外，以兴趣爱好领域出道的创作者，因为涉及兴趣爱好中的装备、物品，很容易同时接触 B 端商家和 C 端用户，后期无论是接广告代言，还是自己带货销售，都会非常方便。

可以说，这个领域也是距离变现最近的一个门类。

个人经历

分享个人的独特经历不仅能够记录自己生命中那些值得回忆的过往，还能满足读者和用户的好奇心理和学习欲望，同样是新媒体创作者比较容易切入的领域。

我记得自己就曾经订阅一个在非洲生活的留学生写的电子书，他在书中分章节介绍了自己在非洲留学时期在草原上打工的经历，不仅让我们这些足不出户的人对非洲这块神奇的土地有了更多了解，还满足了我们对那里的自然风貌及风土人情的猎奇心理。

无论是留学经历、高考经历、职场经验还是维护婚姻的经历等，因为是自己的亲身体验，在创作初期不会陷入找选题、查资料这些难熬的阶段，可以轻松地进入良好的写作状态。写出的文章如果被平台方和出版社注意的话，很容易结集出版成电子版或纸质版的图书，在后期变现的道路上也非常有前景。

总体而言，在开始新媒体写作的初期，我们首先要给自己一个明确的定位，分析自己能够写什么？喜欢写什么？这个市场需要什么？

通过这三个问题的交叉重叠，找到一个适合自己的切入点，也就是自己创作的初心，在未来的写作道路上，我们才能有目标、有计划、有步骤地进行持续创作。

选择写作领域的三大原则

好的开始是成功的一半。在开始写作之前，我们能找到的最完美的写作领域是：这个领域有市场需求，恰好我也能写，并且我喜欢这个领域。如果能够同时满足这三个条件，相当于为以后的写作之旅铺平了道路。

当然，以上三个条件并不是所有创作者都能恰好满足的，更多的是只满足一个或两个条件。如此我们可能会遭遇一些选择上的难题，比如，我想写的领域自己并不熟悉；我喜欢写的领域没有市场需求；我能写的领域有市场需求，但我不是很喜欢它。

本章我们需要解决的问题就是如何补足自身短板。

边学边写，破冰陌生领域

有时候，我们敏感地发现某个领域很有市场，自己也非常喜欢，但自身对这个领域的积累不够，还不足以进行文章输出。这时我们可以采用边学边写的方式尝试创作。

有一个非常著名的学习方法叫"费曼学习法"，指的是熟悉和掌握一个知识点最好的办法就是自己学习过后转述给别人听，如果能让另一个人听懂，那基本上自己也就掌握了这个知识点，而且印象深刻，不容易忘记。

很多知识分享界的大 V 一开始都是用这种方式起步的，并且效果显著。

比如你对国学感兴趣，那就可以买一些国学类的图书进行深度学习，在学习的过程中记录笔记，深刻理解之后尝试把掌握的知识点内化成为自己的东西，再用自己的方式写成文章进行输出，帮助别人更快地理解，用一边输入一边输出的方式进行创作。我们在网络上看到的拆书稿、听书稿，基本都是用这种方式创作的。

比如，一篇稿件叫作《〈偷影子的人〉：父母的爱，是孩子一生的底气》。这篇稿件就是作者阅读法国作家马克·李维的小说《偷影子的人》之后,写出的读书心得。你可能看到过许多这样的文章,文章先对某本书和其作者进行简略介绍,然后通过几个情节的回溯展开观点铺陈,再结合生活中的经历来表达写作者自身的感悟。

这样的稿件一方面能够快速让读者了解一本书,还能在文中"夹带私货",输出自己的观点和感悟。同时,许多读者因为平时工作忙碌,可能没有太多时间去阅读整本书,通过写作者的文章可以对这本书有了大概的了解,从而节省了大量的阅读时间。因此,这样的文章是非常受读者喜爱的。

此外,边学习边写作不仅易上手,还有一个好处就是,写作者在学习的过程中为读者提供了更快捷、高效的精华内容,不仅为他们节约了时间成本,还能丰富自己的认知。

打开思路,冷门与热门结合

新媒体写作领域的赛道很多,如娱乐、情感、健康、财经、科技、国学历史、职场技能,等等。每个赛道下面又有很多细分领域,比如亲子教育领域又分为K12教育、故事启蒙、素质教育、亲子生活、育儿健康、家庭教育,等等。

我们需要尽可能找到自己喜欢的写作领域来进行创作,以保证我们的创作激情和创作素材能够源源不断。

假如我们的兴趣爱好领域非常小众,那也不必担心。随着近些年新媒体写作领域的不断细分,原本很多人不太注意的冷门领域逐渐出现在公众视野当中,并且拥有了属于自己的受众圈层。

我国移动互联网的网民数量稳居世界第一，在这样庞大的基数里，无论是多么小众的领域都有数量可观的读者。小众领域其实拥有独特的优势，那就是竞争对手少，内容较为稀缺。

比如，天文领域就是一个小众的兴趣领域。我们假设每300人中只有1个人是这个领域的兴趣读者，那么，即便是这样，3亿人当中仍有100万的兴趣读者。更何况，截至2022年，我国的网民数量已有10.67亿之多。

此外，冷门兴趣领域也可以通过一些方法巧妙地和其他领域结合在一起。比如，地理测绘这个领域就很冷门，很多人可能没听说过这个工作，如果只是单纯地从这个领域的基本面出发去讲述每个地方的经纬度、季风气候和土壤结构，当然会枯燥无趣。但是，如果将每个地方的地理环境和当地的风土人情或历史典故结合起来，那将变得非常有趣。在此基础上，将会产生诸如《重庆人当年为什么发明了火锅这种奇妙的美食？》《新疆的独特气候和环境，造就了迪丽热巴和古力娜扎》这样有趣的文章。

当我们熟悉的领域较为冷门的时候，不妨用跨界思维去打破局限性，巧妙地和热门领域相结合就能创作出令人耳目一新的爆款文章。

曾有一篇比较火爆的文章名为《鲁迅的真实身份其实是个设计师》，就是在平面设计这个较为冷门的领域和耳熟能详的鲁迅先生之间找到了结合点，让人情不自禁地点击阅读，看看为什么说鲁迅先生有这样不为人知的一面。

同样的道理，产品经理的职业技能可以和职场管理结合在一起，利用打磨产品的逻辑思维阐述如何管理一个团队；兽医专业可以和宠物饲养结合起来，打造更为实用的宠物饲养干货类专栏文章。

总之，无论自己的兴趣领域多么冷门，都可以发散思维，用"嫁接"的方式让其重新焕发生机。

内在驱动，激发写作兴趣

确实存在着这样一种特殊情况：你可能对某个领域非常熟悉，也许是自己的工作，也许是自己在学校学习过的专业领域，尽管自己对其了如指掌，甚至每天都在接触，但可能是因为太过熟悉，反而缺乏新鲜感，对于把这个领域的内容转换成文章丝毫提不起兴趣。

遇到这样的情况，我们需要找到内在的驱动力，为自己寻找一个合理的创作动机。

我们可以对照自己的实际状况，问问自己学习写作的目的是什么？通常而言，我们学习写作有三种内在目的。

第一，写作是改变人生的杠杆，通过爆款文章的创作，可以扩大自身影响力，从而成为某个领域的意见领袖，以达到用文字影响他人的目的。

相信很多人有成为作家的梦想。把自己的所思所想变成文字，一方面能够满足自己的倾诉欲，另一方面能够慰藉他人的心灵，获得更多读者的认同和支持。这是一件非常美好的事情。

新媒体时代的来临，使得每个人都可以成为一个发声的节点，能以自己为中心向外辐射，扩散一些想法、感悟、思想和故事。如果找对方法和平台，加上必要的写作技巧，那就可以连接起更多的读者，形成更大的影响力，撬动更多资源。

确实有不少作者已经做到了这一点，他们依靠网络的力量搭建起自己的圈层，输出有益、有趣的内容，拥有了稳定的流量和忠实的粉丝，凭借写作做到了名利双收。

如果我们写作的初衷就是依靠写作改变自己的人生，那么一开始凭借自己对某个领域的知识储备，输出对别人有益的知识，一来可以锻炼自己的文字输出能力，二来也可以帮助他人，又何乐而不为呢？

找到了自己的内在驱动力，一切就都顺理成章了，剩下的只是学习新媒体写作的技巧和平台运作方法而已。

第二，通过快速学习，写出爆款文章，享受增加一项斜杠技能的快乐。

还有一部分作者，写作的初衷就是提高自己的文字表达能力，使自己能够清晰、系统且有逻辑地写出自己的所思所想和对某件事物的看法，使之变成文字发表出来，从而引起更多有相同认知的人的赞同和拥护。

当有人对你的文章深表认同，当有人在你的文章下点赞评论，你将会收获写作的独特乐趣，即被人认可的乐趣和新增一项斜杠技能的成就感。

被更多的人认可当然是一件快乐的事情，这代表你的想法引起了更多人的共鸣，你把大家想要表达又无法表达的事情清晰明了地写了出来，变成了文章，影响了更多的人，同时也收获了更多志同道合的粉丝。

此外，随着表达能力的不断提高，你会发现自己和写作之间的关系越来越近、越来越亲密。你习惯于把脑子里纷杂的想法进行逻辑梳理，以一种更符合当代人阅读习惯的方式进行文字表达。这是对读者心理的敏锐洞察，是对互联网时代阅读趋势的深刻理解，同时也成了你工作和生活以外的一项斜杠技能。学会写作之后，你会减少很多工作焦虑，甚至会越来越自信地认为，即便自己某天失业了，依旧可以靠写作这个技能养活自己和家人，这种内心的笃定就是学习写作本身带来的安全感。

第三，把写作变成副业，变成赚钱的另一种方式。

当然，如果我们的目标一开始就很明确，即把写作当成副业，用来增加额外的收入，那么变现赚钱就是写作的核心目标。

这当然没有任何问题，在这个以消费为主的互联网时代，内容本身就是一种商品。无论是商业软文、带货软文还是拆书稿，其本身都是服务于某类特定受众的内容，这样的内容本身就具有一定的经济价值，用文字将这些内容表达出来并以此作为变现的方式无可厚非。

比如，在知乎上，当你在搜索栏输入"智能手表""皮肤变白""治疗脱发"等关键词后，就会跳出一系列生动有趣、图文并茂的推荐文章，这些文章大都以作者的亲身感受撰写，告诉你如何用一款或多款商品解决你的实际问题。

我们以"智能手表"为例。当用户想要购买一款智能手表，但不知道该如何在众多品牌中进行选择的时候,这些文章就会很好地对市面上不同价格、不同品牌、不同功能的智能手表进行盘点,你可以按图索骥,按需选择最符合自己预算、功能要求和使用场景的智能手表。这种带货类文章不仅会对每一款手表进行详细讲解,还会附上有关的购买链接。如果用户因为看了某篇文章而点击链接产生购买行为,商家会对这篇文章的作者进行一定比例的返佣。购买的人次越多,作者的收入越高。

下面举一个真实的案例:

一个刚开始进行新媒体写作的小姑娘,某天写了一篇图文并茂的文章,推荐了一款香辣酱,可能她本人就是这款香辣酱的忠实消费者,因此写得极其用心。写完之后,她点击发表已经是深夜时分,随即关了电脑,倒头就睡。

第二天上班她忙碌了一整天,根本没有时间看一眼平台数据,直到深夜打开后台,整个人都愣住了。后台数据显示那款香辣酱卖爆了,仅是返佣一项,她就获得了14万元的奖励。

赚钱同样也可以成为我们写作的内在动力,无论你是想通过文章带货、平台投稿、付费专栏,还是想通过出版图书的版税来实现财富的增长,这些都可以成为我们学习写作、投身创作的巨大动力。

因为在我们这个时代,写作早已甩掉了"贫穷"和"寒酸"的帽子,正在成为一项更有尊严、更有社会地位的工作。我们通过持续不断地写作,不仅要提升自己的社会影响力,更要实现高收入,乃至获得一个更从容的人生。

第 2 章

写作变现的渠道

依靠写作变现赚钱是很多新媒体创作者的初始目标，无论是单篇文章被平台方采用，还是自运营的账号有了广告商赞助，能够变现就意味着自己的作品已经被市场认可。在自媒体写作的道路上，获得第一笔收入才算真正意义的开始。

当然，新媒体写作领域的变现渠道非常多，几乎每个分类赛道都有独特的变现模式。如何找到属于自己独特的变现渠道，取决于自己最初的定位。你选择了哪条赛道，这条赛道就是你变现的渠道。

这就是为什么我们在开篇就详细讲述了个人定位的重要性。接下来，本章将对写作变现的各个渠道进行逐个分析，帮助你深入理解每个赛道的变现方式。

商业软文的变现模式

商业软文是在新媒体写作行业发展之初，为了推广营销某种商品而存在的一种文章形式，最早在微信公众号、行业 PC 站点上得以蓬勃发展。商业软文的撰写突出一个"软"字，顾名思义，我们可以理解为：用一种较为委婉的方式，突出某种商品的优势，潜移默化地强化读者对某种商品的好感度，或者直接影响其购买决策。

商业软文的变现模式有三种：接受甲方撰写委托、向平台方投稿和带货分佣。

营销软文

营销软文常见的形式就是各个商家的公众号及其他平台账号上的推文。商业软文变现的形式主要是委托撰写或委托运营，比如：

> 一家房地产公司在楼盘规划后需要进入前期宣传阶段，一般情况下都会建立自己的公众号，用来发送楼盘的工程进度、亮点介绍、营销活动等内容，除此以外，还需要公众号的后台接入一些基础的客服功能，比如自动回复、地址导航、楼盘电子相册等。
>
> 因此，该楼盘从规划开始，随着工程进度的不断推进，需要随时发出推文来宣传自己的地理位置优势、交通优势、产品卖点等各项内容，那么就需要专门的撰稿人来撰写。

刚开始，我们可以在营销软文群里接一些简单的任务，帮助客户写一些营销软文。这类软文一般都有着固定的格式，相对而言上手比较简单。

给客户写的营销软文完成之后，不妨自己也转发一下，一来可以增加点击率，二来也让别人知道自己可以接此类业务，扩大自己的业务来源。如果能够接到来自甲方的年度托管订单，变现就比较稳定了。

> 我以前办公室的一位新媒体编辑，当妈以后就辞职在家带娃，后来凭借着善于写营销软文的技能接下了两三家公司的微信公众号托管订单，每个账号平均收费4000～6000元，三个

账号差不多就是 15 000 元。因为接管的都是服务账号，单个账号每月只需要输出四篇稿件就能完成任务，所以在家带娃和写稿赚钱两不耽误。她在三线城市能月薪过万，生活也算比较惬意了。

营销软文一般需要在文中体现几个核心价值点，比如房产类软文中需要突出该房产的区位优势、学区优势、环境优势、价格优势，将这些内容分成几个不同的段落进行阐述，用通俗易懂的方式把想要表达的观点讲清楚，中间可以加入一些生活中的案例进行佐证。

同理，除房产行业以外，汽车、餐饮、快消、电子产品等诸多领域大都需要这类营销软文进行推广宣传，因此行业需求量巨大。我们可以根据自己的喜好和擅长的领域进行尝试，当然在开始写作之前，最好关注一下同类型账号，看一下文章大概的格式和结构。

这类写作有点像是新媒体编辑，除了写稿以外还需要承担简单的排版工作，也就是要在文中插入图片、视频等现成的影像资料，以丰富页面的布局和色彩。

这类文章一般不超过 1200 字，配图需要 5~10 张，每个段落以小标题领头，一个段落阐述一个独立的亮点内容，最后用煽动性的文案收尾。

具体的写作方法，后面的章节会有详细讲解，本篇暂不赘述。

带货软文

带货软文即以实现商品销售为目的的推文，变现来源主要是商品销售返佣。

目前市场上有专门的带货公众号,例如"玩物志",主要以都市潮流生活指南为主题,推荐各种智能产品及家居用品,涵盖面非常广。

如果你对某一类商品非常熟悉,或者本身就是数码产品爱好者、家居产品销售人员、时尚潮流人士、美妆爱好者等,你就可以在该品类下找到自己熟悉的产品进行评测类软文推荐,并在文中挂上该产品的推广链接。如果有读者因为你的推荐而下单购买,你就能获得相应的佣金。

知乎、今日头条等平台有专门的商品推荐功能,在写这类软文之前,可以先到平台方的商城里浏览一下自己熟悉的商品的价格和佣金,选择自己擅长的门类开始写作,文章可推荐某个单品,也可对某个分类进行盘点式总结。这种类型的文章可以挂载多个商品链接,有助于读者根据自己的实际情况选择性购买。

比如《2021年智能手表推荐选购攻略(含华为、苹果、小米智能手表推荐及详细参数对比点评)》,这类涵盖面较为广泛的文章能够获得平台方更高的流量加持,因为对商品的涵盖面广,用户选择的可能性更大,往往能够收获不少的用户订单,作者也可以获得大笔的佣金收益。

拆书稿

拆书指的是将一本完整的图书用一篇文章进行概括性总结。

在快节奏的工作和生活中,完完整整地看完一本书几乎已经成了奢望,如果有一篇短文能够简明扼要地介绍一本书的精华,让读者利用碎片化时间对这本书有大致的了解，既能帮助读者节约时间，也能让读者根据你的转述和点评了解这本书的作者和创作背景。这是一种非常有价值和有意义的创作类型。

比如《〈了不起的盖茨比〉：人生最大的不幸，不是贫穷，不是孤独……》，类似这种标题的文章大多数是拆书稿。平时喜欢读书的朋友可以由此类文章入手开始写作。

在结构上，这类文章一般会在开头抛出对某本书的评价，或者引用名人评价，或者自己总结叙述，接着简要叙述整本书的大体情节（悬疑类、故事类图书切忌剧透），然后提炼核心观点或讲述这本书在创作背后那些不为人知的故事，结尾部分回到主题，再次强调这本书的核心思想，加入自己的理解与点评。

这类文章的变现渠道主要有两种：自己运营平台账号或投稿知名平台。

比如公众号"十点读书"，是最早进行图书解读的账号，拥有海量的读者用户。此类账号大都面向社会征稿收稿，稿费每篇从几百元到几千元不等。

值得注意的是，投稿前一定要对征稿要求有一定的了解，最好看5～10篇该公众号近期发布的文章，摸清对方的收稿要求和平台风格及调性，以免盲目投稿，事倍功半。

影评软文

影评软文和拆书稿类似，只不过写作对象从图书变为了电影。

电影市场有着较为完善的宣发流程，一般而言，电影在上映之前就会启动线上线下的发行宣传造势，聘请专业影评人或网络大V来对电影进行评价和预测，还会通过某些事件营销对电影话题进行炒作，使电影还未上映就已营造了很强的话题性。新媒体对电影的评价很大程度上能够左右观众对这部电影的期待值。

因此，宣传方大都会拿出宣传费用，交给各大网络权威媒体、影评大V、网络红人等，对电影进行宣传造势。

这个领域大都采用分包制，比如某部电影的宣发部门给某平台1000万元宣发费用，该平台就会在自己所辖范围内找到许多电影相关领域的创作者，有些是拥有百万粉丝的头部大咖，有些是正值上升期的创作者，或者是手上签约了很多自媒体创作者的MCN机构，给他们提供一些影片剪辑片段、一些高清海报等资料，让大家围绕着该电影进行创作，并给予一定的稿酬。甚至还有一些新手创作者，因为刚开始粉丝量不高，没有稿酬，只能分到一两张电影票，但是同样也会参与宣传和创作。

这个领域入门的门槛很低，但天花板很高，因此创作者云集，竞争非常激烈，目前已经形成了头部效应，大家常看的影评已经逐渐从文字变成了视频剪辑类作品。

如果不是对自己的文字功底极为自信，不是对电影行业和电影本身有着极为深厚的知识储备和理解，建议慎入影评软文写作领域。

情感鸡汤

情感鸡汤是心灵慰藉类文章的总称。

尽管近些年情感鸡汤类文章饱受争议，但其仍有很大的创作空间。现代社会的快速发展催生出快节奏的工作和生活，尤其女性更需要被理解和关爱，同样需要释放情绪和压力，这样一来，情感鸡汤类文章正好戳中了女性用户的痛点。

当然，如果在情感鸡汤类文章里加入能够帮助和陪伴女性成长的内容，就能拔高文章调性，使得此类文章不仅能够引起用户的情感共鸣和观点共鸣，更能陪伴用户成长。这样的情感鸡汤类文章是未来的发展方向。

未来情感鸡汤类文章不仅需要给予女性用户情感慰藉，更要给予所有用户新知，启发用户心智，使得用户在进行碎片化阅读的同时能够获得一定的成长，这就给创作者提出了更高的要求，倒逼创作者朝着更高的目标前行。

此类文章的变现方式是做垂类账号和平台投稿。也就是说，要么做一个属于自己的情感类账号，在情感的垂直领域里深耕创作；要么做一个独立撰稿人，依靠对女性敏锐的心理触觉，创作出能够与用户产生共鸣的文章，并向情感类平台和账号投稿。

故事写作的变现模式

提到故事写作，很多人第一时间会想到写小说。一本小说从构思到创作需要很长一段时间，这显然对初学创作者是很不友好的。

本书所讲的故事写作，泛指三万字以内的短篇故事。短篇故事构思和创作需要的时间较短，在熟练掌握写作技巧的情况下，一个周末的闲暇时间就能创作出两篇，无论是创作难度还是变现速度，对新手创作者而言都是非常友好的。

　　自古以来，人们对故事的需求是无穷无尽的，小到三四岁的孩童，大到白发苍苍的老人，都对故事毫无抵抗力。

　　在新媒体领域里，故事类内容一直以来都很稳定，拥有着庞大的读者群体。

　　故事创作的变现模式也是多种多样的，除去动辄百万字起步的网络小说以外，其实有大量的用户喜欢在闲暇时间阅读短篇故事。

　　短篇故事最大的特点就是短小精悍、节约时间、故事性强，非常适合利用碎片化时间阅读。无论是在地铁通勤时、午间休息时，还是在等人时，或者是在睡觉之前，看一篇自己喜欢的故事，在别人的故事里体会爱恨情仇和跌宕起伏的人生，都是一件极为舒心的事情。

　　短篇故事也和长篇小说一样，有着各种题材分类，大的分类主要为真实故事和虚构故事。

　　真实故事是指以现实生活中真实存在的人物展开的故事，此类故事以极为贴近生活的人物和场景，将读者代入故事情节，跟随主角的视角体会真实的悲喜。比如"真实人物故事"公众号，就是一个专收真实故事的创作平台，如果在你身上或朋友、家人、同事身上曾经发生过极具戏剧性的故事，可以尝试进行真实故事创作。用真实的笔触速写出的故事，不需要多么华丽的文笔，朴实无华中自然有一种真实的力量涌动,很容易与读者共情。

虚构故事和小说一样,同样有言情、穿越、悬疑、科幻、武侠、玄幻等各种题材。不同的是,创作者需要在万字以内完成对起承转合的整个过程的描写,更像是一篇压缩过后的长篇小说,用凝练的语言和精巧的构思,在尽可能短小的篇幅中创作一个有趣的故事。

公众号投稿

在创作短篇故事之初,我们可以尝试向专门的故事类内容平台投稿。尽管各大网文平台都有短篇故事的投稿通道,但不建议在起点、晋江、番茄、掌阅等网络小说平台投稿或发布短篇故事。因为网络小说平台主要是以长篇小说为主,是以长篇小说的订阅为分成基础实现变现的,短篇故事因为篇幅的原因很难让人直接订阅,并且网站对短篇故事也不会投入太多流量展现。

短篇故事的投稿渠道主要是公众号。

投稿公众号的变现主要是稿费收入。在创作之前,我们需要多关注几个故事类公众号,尤其是那些拥有超百万粉丝的头部账号,虽然它们的要求比较高,但稿费也较为可观,并且头部账号的运营能力较强,投稿或发布的作品才会有更多的曝光流量。

找到 10 个左右的故事类公众号之后,我们需要挨个阅读它们近期的作品,然后选定三个左右公众号作为投稿目标。很多人会纠结如何选择投稿平台,其实有一个很简单的小诀窍,就是看你在阅读这些目标公众号的故事内容时自己最喜欢哪一个,然后向其投稿就对了。

既然这个公众号上的故事非常合你的口味，那说明你也是同样类型的创作者，至少在内容调性上，你和对方是匹配的。

比如你经常看"惊池故事"，那你多半就是悬疑小说爱好者，那么你的创作类型同样也是偏悬疑风格的。既然大家都是"同道中人"，投稿自然不会跑偏。

如果你经常看"古言故事"，说明你是古代言情或穿越小说爱好者，而且多半是女性读者，那么你在创作古言故事方面一定也有着独特的天赋和热情，这个公众号就是你的投稿目标平台了。

在写作之前，除了找到调性一致的投稿平台以外，我们还需要多看该公众号的故事内容，学习优秀作者的写作思路。比如，开头用的是什么样的方式吸引读者，用了多大篇幅才进入正题，在哪个阶段开始进入剧情反转，结尾有哪些奇思妙想，等等。

在写作风格方面，我们可以保留自己的创作调性；但在结构方面，新媒体故事有着几乎一致的结构模块，这也是无数作者和编辑在大数据中总结出来的。最容易让读者接受的结构，具体写作方法我们在后续章节里会进行详解。

故事专栏

故事专栏一般是针对有一定创作经历或已经拥有了一定粉丝数量的作者开辟的独特领域。

有些平台会为创作者开通专栏功能，你可以在平台申请开通之后，把自己所有的短篇故事做成一个合集，这样整合起来的故事集会吸引更多喜欢同样题材类型的读者。也许他们读过你的某个短篇故事，喜欢你的行文风格，希望看到你更多的作品，如果有了专栏，他们就不必在浩瀚如烟的网络内容中到处搜索你的作品，直接进入你的专栏，就可以一次看个过瘾。

还有一种情况是平台智能推荐。也许读者在该平台看过类似题材的故事，平台根据读者的阅读记录，分析出他们的阅读偏好，就会把你的故事推荐给他们，用来增强用户黏性，更能使你的作品曝光量持续增加。

此外，故事专栏还有一个好处，那就是变现能力更强。

故事专栏因为包含多篇故事，因此可以设定为付费专栏，可以自主定价，读者通过购买专栏获得更多的故事阅读权限，作者也可以通过读者的订阅实现更大的收益。

比如在知乎上就可以开通专栏进行创作，专栏里的故事内容可以经由平台智能分发给感兴趣的潜在读者，实现作品曝光。平台会根据读者点赞、评论等数据将优质故事纳入"盐选专栏"，再将其售卖给更多读者，使平台和作者共同盈利。

此外，豆瓣阅读 App 和每天读点故事 App 对短篇作品非常友好，有着一套成熟的稿费变现和运营策略，喜欢短篇故事创作的朋友可以了解尝试。

版权售卖

短篇故事也能进行版权售卖。以往图书出版公司和影视公司会在平台方的推荐下，购买该平台优秀的故事作品以开发图书版权和影视版权，但大都只针对10万字以上的长篇小说。

现在，由于短视频、短网剧产业的蓬勃发展，短篇故事同样受到了图书版权开发和影视版权开发的青睐。

短视频和短网剧制作机构会在各大平台深度挖掘优质短篇作品，将其转化为视频或影视类作品，它们会联系作者或平台进行版权申购，当然这取决于版权是属于作者的还是属于平台方的。

一般而言，在知乎上发表的故事，只要没有签订协议，版权都是属于创作者的。在没有与"豆瓣阅读"或"每天读点故事""简书"等平台签约之前，版权同样属于创作者，但签约后，版权就属于平台方了，如果有出版社或影视机构购买，需要和版权方进行沟通。

当然，版权留给自己还是转给平台方，各有利弊。与平台签约可以获得更多的曝光流量；作品更容易被读者看到；如果版权留在自己手上，在与出版社或影视机构谈价格时会更灵活。

我曾经遇到过一件事情，自己的某部长篇小说被影视公司相中，出价160万元购买，但平台方坚持要价200万元，结果经过一段时间的拉锯战之后，谈判破裂。

其实对我而言，对方出价160万元，我是非常满意的，但平台方认为版权费用要和作者平分，平分后它们就只能得到80万元，达不到最高盈利点，于是就出现了令人遗憾的一幕。

当然，这种情况属于个别案例，我依然相信平台方在版权运营方面的专业性，大多数作者对版权运营和市场价格没有概念，要么喊出天价吓退客户，要么被对方的名头吓到，会不小心贱卖自己的作品。

这种情况在故事创作领域比比皆是，就连大名鼎鼎的科幻小说作家刘慈欣的著名作品《三体》的影视版权才卖了区区 10 万元，至今还捏在一个不知名的导演手里；此外，南派三叔的 IP 大作《盗墓笔记》的版权也曾在很长一段时间归属阅文集团，近几年才回到他自己手上。

有声小说

无论是长篇故事还是短篇故事，只要足够精彩，都有被制作成有声小说的可能性，甚至有些平台在签约故事作品之前就已经有了制作有声小说的打算。

当然，更多的平台是把判断故事质量的任务交给了读者和数据。你在平台上发表的故事，会以一定的流量曝光在读者面前，根据读者的阅读、加入书架、点赞、催更、送花、打赏等互动数据来判断故事的精彩程度，平台方编辑以此为评判标准来决定要不要给予这个作品更大的流量支持，或者决定是否值得制作成有声小说。

当故事作品被制作成有声小说时，不仅意味着作品得到了读者和平台方的认可，也意味着作品如虎添翼，不仅在本平台内可以获得更多的流量，还有可能在喜马拉雅、蜻蜓 FM、网易云等听书频道展现在更多人的面前，这对作者的个人影响力将是一种极大的提升，作者还可以因多平台运作获得数倍的收益。

尽管每个平台对于短篇故事作品的运作方式略有不同，给予作者分成的标准也不一致，但一般来说，短篇故事作品有稿费奖励、读者打赏、广告收入三项收益，在制作成有声小说以后，由读者订阅变现的部分，平台和作者之间一般是五五分成。

此外，在短篇故事创作入门之后，为了获取更大的变现价值，可以尝试把短篇故事扩展成为系列文，系列文在"每天读点故事""简书""淘故事"等平台很受欢迎。

所谓的系列文，就是在同一个题材框架和人物之下，把故事做成相对独立的小故事。举例而言：如果把《名侦探柯南》看作故事文的话，在主角和配角人物不变的情况下，每一集讲述一个案件，有一定的关联性但又不影响独立观看。电视剧《武林外传》《我爱我家》，经典美剧《生活大爆炸》《老友记》这些都可以看作系列文的故事模型。

同时，系列文因为在短篇故事的基础上篇幅变得更长，但创作难度并没有增加太多，因此也更具实体出版和影视改编的潜力。

广告收入

在所有的变现模式中，广告收入是不得不提的一种。

经常阅读小说的朋友，大都遇到过这样的情况：在阅读免费小说的时候，页面上会出现广告，有些是图片形式，有些是视频形式，但为了不影响读者的阅读体验，视频需要读者主动点开时才会播放。

这种夹杂在故事阅读页面上的广告，是平台方为赞助商所发，这些广告的收入有一部分是要分给作者的，毕竟广告出现在了作者的故事阅读页面当中。

不同的是，短篇故事由于篇幅的原因，广告展现的次数较少，因此这部分收入不会太多，但聊胜于无。动辄百万字的网络小说在广告收入方面占尽优势,有些仅凭广告收入一项,作者就能月入上万,并且这样的作者不在少数。

关于故事写作的更多技巧和变现模式,在我的另一本书《拆解一切故事写作》中有详细的教程和攻略。在本书中,我也会将故事写作的精华部分在后续章节中一一呈现,喜欢故事写作的读者可以重点关注。

打造 IP 的变现模式

广义来讲,IP 就是通过大数据等手段确定被大众认可的元素(如故事、情节、桥段、创作者、演出者、色彩、结构等),可以迎合特定的受众群,围绕元素本身开发出最大化的商业效果。

比如"李永乐老师""李子柒""哪吒""故宫文创"等,都是可持续开发的 IP 元素,甚至就连"小丑竟是我自己""普却信""蓝瘦香菇"等网络热词也可以视作 IP 文化的一种。

本书中提到的 IP,一般指的是个人媒体账号,也就是由创作者自己运营输出、有一定知名度、在某个领域内有一定粉丝数量的高价值账号。

可以将 IP 从打造到变现的过程看作经营一家公司或建立稳固的人设,属于前期较为缓慢、后期收益巨大且稳定的运作方式。

一个 IP 成功被打造出来之后,将会拥有海量的流量和私域粉丝,变现的渠道也会变得多种多样，无论是赞助商投放广告、带货、付费专栏，还是结集出版、录制有声作品，都没有问题。

假如你在某个大众领域里有着丰富的知识储备，对于该领域有很强的综合认知能力，可以通过文字等方式将该领域里的知识进行系统输出，那就具备了打造自我 IP 的基本能力。

比如我非常喜欢的武志红老师，作为北京大学临床心理学硕士、《广州日报》心理专栏主创人，并且有着多年心理疗愈的工作经历，他在心理行业拥有系统而全面的知识储备和非常丰富的临床经验。他在得到 App 上开设的专栏"武志红心理学课"上线的第一天，付费用户就突破了 10 万大关，截至目前仍是"得到"的畅销课程之一。

类似武志红这样的专业人士，能够系统且通俗地把深奥难懂的心理学知识用浅显易懂的方式撰写成文，通过自己的真实临床心理疗愈案例，教大家如何了解自我、接受自我，从而改变自己的人生，这样的内容输出具备了很强的社会价值，实现财富变现不过是水到渠成的事情，成了不用刻意追求的附属奖励。

当然，除了武志红这样的心理学大咖外，几乎每个领域里都有这样一些达人账号，在新媒体领域里脱颖而出，比如对手表如数家珍的"大能"，网络小说领域的"流浪的蛤蟆"，文风犀利、金句频出的"小声比比"，通过漫画普及真知的"混知"，等等。

虽然以上的例子都是新媒体行业中的头部账号，是不同领域"高不可攀"的存在，但实际上，还有海量的腰部账号（粉丝量 10 万左右）分散在各个领域中，这些账号的变现情况也很可观。

另外，不要被"专业领域"和"完整知识架构"这样的词吓到，IP 账号也不会仅限于某个特定领域，假如你对快消品、数码产品、母婴产品、教育培训、汽车、美食及调味品、宠物等任一行业非常熟悉，都能凭借自己已有的知识储备量开启 IP 创作之路。

不要担心这个领域里是不是已经有了难以逾越的头部账号或大咖达人，即便是同一领域，不同的账号也能凭借不同的风格、不同的人设、不同的展现形式开辟差异化竞争的战略，用自己独特的方式开启属于自己的 IP 账号，如同埋下一颗希望的种子，只管辛勤耕耘，坚持输出创作，一定会拥有自己的拥趸。

当然，在 IP 账号打造的过程中，有以下几点需要特别关注。

打造人设

人设指的是一个账号给予受众群体的整体直观印象，也就是新媒体行业常说的标签。

提起人设或标签，喜欢看综艺节目的朋友应该不陌生，尤其是创造营或练习生之类的造星节目，为了能让观众尽快熟悉每个练习生并记住他们，同时也为了能让节目变得更有趣、更有冲突性和话题性，节目导演时常会根据嘉宾的性格给艺人贴上不同的标签，当然这个标签不是实体的，而是一种提前设计好的人物性格。

比如，提起"火箭少女"杨超越，你会想到哪些人设关键词？锦鲤少女、呆萌、接地气、运气爆棚、人生赢家等，都是能够让观众迅速记住她的重要因素，因为独有的人设标签能够让她从一众能唱能跳、颜值超高的同类型艺人中脱颖而出，并且给了观众一种幻梦般的想象：

这样的女孩能够获得成功，这世界可真是美好又温柔啊！

和明星艺人一样，在喧嚣的互联网时代，一名艺人也好，一档节目也罢，甚至一个新媒体账号，都需要打造属于自己独特的人设标签，你设定什么样的人设标签，就会吸引什么样的粉丝受众。

IP 账号的打造一开始计划运营的时候，就需要拟人化，要把这个账号和自己的性格联系起来，赋予它和自身相互契合的独特人格。

如果有这样一个女性情感类账号，她文风犀利、倡导独立、敢说敢做，那么通过内容可以非常直接地告诉读者：这个账号如同一个雷厉风行、英姿飒爽的现代女性，她的内容势必也都是关于女性努力自强的激励进步类文章，它的作用就相当于兴奋剂和加油站，负责在女性受到挫折或不公平待遇时站出来为女性发声，获得同类女性粉丝的观点认同，令读者在阅读文章时发出类似于"哇，太棒了，这就是我想说的话！""没错，女人就应该这样活！""嗯，转发这样的文章，会让朋友圈的人认为我很酷。""喜欢这类文章的我，一定也是新时代独立女性。"等溢美之词以表示自己的认同感。

同样，还有一种女性情感类账号，她们主打的是传统女性的温婉贤淑美德，文风内敛、辞藻华丽，字里行间带着若有若无的芳华气质，一切以自身出发，主张以柔克刚，让自己变得更好。这类人设标签适合那些在家庭中相对处于被动地位的女性，给予她们心灵上的慰藉、情感上的疗愈，如同清茶或鸡汤，在潜移默化中抚慰着女人情感上的遗憾和烦恼。

同一个创作领域，可以衍生出多样的风格和人设，独特的人设标签也能够让创作者在该领域里快速获得更多关注，但需要注意的是，尽量选择和自己性格较为接近的类型，比如明明自己是个与世无争、温婉知性的女人，却非要去做八卦娱乐账号或变现很快的美妆带货类账号，勉强自己在读者面前扮演一个截然不同的角色，这是一件非常辛苦的事。

一个被忽略的细节或一些不可触碰的红线，甚至恶意瞒骗、欺世盗名，都会导致人设的崩塌，从而引发粉丝的暴怒，取消关注倒还是小事，一旦黑料被实锤，那就再难翻身了。这样的例子无论是娱乐圈还是新媒体圈子，都很常见，如前知名文化博主"咪蒙"，因旗下公众号发布文章涉嫌编造故事、精神传销、刻意煽动泪点引发负面舆论风波而被全网封杀；因为扛水泥而走红的网红"水泥妹"，后来被发现实际上坐拥豪宅跑车，生活精致富足遂被封杀；某坐拥百万粉丝的历史文化类账号，因文章出现了诋毁革命先烈的观点，迅速被钉在了互联网的耻辱柱上，百万粉丝一夜之间烟消云散，舆论尽是口诛笔伐之声。这样的人设崩塌会导致粉丝感觉感情被欺骗，愤而从忠粉变成黑粉，这种转变往往在瞬息之间。

网络确实赋予了每个人快速走红的可能性，但同时，流量也是一把双刃剑，能够让人一飞冲天，也能让人跌入深渊。

边学边做

到底拥有何种程度的知识储备才能开始做自己的 IP 账号呢？

这个问题实际上没有标准答案，当然也不能轻易觉得只有对某个领域有专家级的水平才能开始。大部分情况下，你只需要在某个领域里能够达到"发烧友"级别就可以了。

比如，周围的朋友在买新手机之前，总是习惯性地先问问你的意见，请你推荐一款适合他的手机，那么代表你在智能手机领域里的知识储备和对产品的熟悉程度其实已经超过他人。想象一下，你在朋友和同事之间时常扮演哪个领域的权威角色？

科学达人？很懂母婴产品的妈妈？对汽车如数家珍的爱好者？狂热的球迷？钓鱼高手？打麻将超厉害？……你的身边是否也有这些人，他们在某个特定行业或领域里有着出色的判断力，并且发自内心地热爱着这件事？在遇到与之相关的问题时，你是不是第一时间就想听听他的意见？如果你自己也是上述人群中的一员，那你就非常适合做IP类账号的孵化和运营。

在没有开始之前，千万不要将自己与那些百万粉丝的领域大咖做比较，你会惊叹于某些历史类账号选题精巧、文笔生花、结构巧妙、发人深省，并且还能源源不断地持续输出高质量的作品，从而担心自己无法做到这一点。

事实上，很多IP账号在进入头部期之后，都是由团队运营的，内容不仅由多个成员轮流撰写，并且还对外收稿。此时的IP账号虽然使用的是某个人的人设定位，但实际上已经成了编辑部一样的存在。它们之所以有着稳定的稿件输出和固定的风格，都是因为非常清楚自己的粉丝人群和账号风格，努力用团队协作的方式让账号的输出更加稳定，从而如同滚雪球一样获得更多粉丝的关注。

更重要的是，很多IP账号在运营初期，为了保证未来能够持续稳定地输出作品，一般都会采用一边输入一边输出的运营模式。

无论一个人对某个领域有多熟悉，为了打造一个账号而不断输出，总有一天会将自己的知识掏空，所以我们在创作的同时也要不断吸收新知，将其转化为新的知识储备，为以后持续创作而积累素材和动能。

我有一个杭州的朋友是历史系的才女，她对欧洲历史非常熟悉，在知乎运营着属于自己的 IP 账号，她的定位是解读那些影响欧洲历史进程的人物和事件。因为文风诙谐幽默，且发布的事件内容具有猎奇性，让她积累了很多粉丝。她会在文中推荐一些欧洲历史、人文、艺术、建筑等方面的图书，或者在当地企业内部设置一些巡回课堂，变现收入非常可观。

作为历史学专业人士，她同样也会遇到创作瓶颈，比如时常担心如果欧洲的历史故事讲完了，自己该怎么办？

有一次我们聊天的时候，我问她：你在文中推荐的那些欧洲文学、绘画、雕塑、建筑类图书自己都看了吗？

她回答只是粗略翻了一下，知道里面大概的内容。我就告诉她，何不把自己推荐给读者的那些书通读一遍，然后调出优秀的内容，内化为你内容创作的一部分呢？

她眼前一亮，感觉自己找到了创作的新方向。是的，欧洲历史的重要事件很容易讲完，但关于欧洲的其他内容还有很多，无论是绘画还是文学，无论是建筑还是商业，单拎一项出来，就又可以输出很长一段时间了。

所以，我们不要等到自己的知识储备完整时才开始做 IP 账号。可以边学边做，一边输入、一边输出，把自己看到的、学到的知识，通过消化和升华，创作成带有强烈个人风格的内容，奉献给粉丝。

其实，很多人可能不太理解，一个人想了解欧洲历史，为什么不去买本《欧洲史大全》这样的大部头图书看，而要去关注一个历史类账号，一篇篇地阅读短文，而且还要花时间等其更新呢？

其实这就是新媒体时代阅读的不同心理。这个时代最大的不同，在于去中心化、去权威化，在自己熟悉的平台上、在喜欢的账号中阅读内容，那种感觉就像是在和朋友交流，而不是跟教授和老师这类权威探讨。阅读新媒体内容的心情是轻松愉悦的，读完之后，有不同意见者可以在文章下方评论区交流，深以为然者可以点赞表示赞同，喜欢到心花怒放者可以给作者打赏表示尊重。

如今的新媒体阅读，实际上带有强烈的社交属性，这就是为什么好多人喜欢在看完一篇文章之后，一定要翻一翻评论区。有些评论非常有意思，看完会让人不禁会心一笑，或者干脆自己亲自争论几句。这种评论是一种非常解压的社交行为。

请 IP 创作者一定要理解并利用好这一点：你的文章不仅要好看，更要有独特的观点，能引发讨论的观点。

付费专栏的变现模式

付费专栏是知识付费大领域里主要的变现方式之一。

截至 2022 年，我国知识付费领域已经拥有了 1126.5 亿元的产值，以"得到""网易课堂""小鹅通"为主的知识付费类 App 已经拥有了资本加持，并且都取得了非常不错的成绩。

在这些平台上，许多创作者将自己的知识变成了收益。这个时代，人们愿意为知识付费，愿意花钱学习，愿意为喜欢的内容打赏，这是一个对知识类创作者而言最好的时代。

以我为例，在疫情防控期间，因为无法正常工作，我在今日头条 App 里开通了付费专栏，开始创作"从灵感碎片到出版签约"的写作专栏，开始把我自己在故事写作方面的心得体会和方法技巧系统性地写成了章节类专栏，通过今日头条的大数据算法推荐给喜欢写作以及想要进行网文写作、故事写作、小说创作的特定人群和爱好者。

因为那是我的第一个专栏，我自己写得也比较用心，几乎每一篇都是干货类输出，平均每篇字数都高达 4000 ~ 5000 字。整个专栏一共有 18 节课，包括从如何记录灵感、如何提炼故事核心、如何做故事大纲，到如何写开头、中段、结尾，以及如何找到适合自己的发表平台和出版社签约等一系列课程。

最初我的专栏定价是 89 元，收益是和平台方五五分成，也就是平均每个人购买专栏后我的收益是 35 元左右（因为还要扣税）。我记得，写完之后的第二天，已经开始有人购买，当月收入是 5000 元左右，第二个月就破万元了。

整个疫情防控期间，虽然我没有正常上班工作，但平台上每天都有来自专栏的收入，有时遇到平台搞"知识节"之类的促销活动，收人甚至会有一个爆发式增长。

付费专栏除了有强劲的变现能力外，更重要的是，由于平台方会从中抽成，因此其对流量的推荐也非常卖力，我的专栏被推荐展示的总量至少有 500 万次，这让我在平台的写作领域也有了一定的知名度，在专栏销售期间增粉的速度也非常快。

此外，随着作品曝光量的不断提升，也引起了出版机构的注意，有好几家出版社联系我，想把该专栏整理出版。最终此书由阅想时代统筹策划，在中国人民大学出版社出版。

那么，什么样的创作者适合做付费专栏，又该如何选择平台呢？

只要是在某个领域里具备专业技能，并且能够系统性输出的人，都适合做付费专栏。提到专业技能，很多人会觉得只有在课堂上学到的才算，例如设计学、法律学、历史学、心理学，等等。其实在知识付费领域，更注重实操性和稀缺性，反而是那些使用户通过学习能够立即掌握某个技能并可以投入使用的课程更受欢迎，诸如如何开淘宝店、如何管理部门、如何秒懂酒桌文化、如何写网文、如何教育孩子，甚至如何打麻将能赢这类即时性和实操性很强的项目。

所以，你只要有一技之长就可以做知识付费项目，不一定非要是某个领域的专家或教授。也许你只是个退休工人，但钓鱼很厉害，也是没有问题的。

关于平台选择，我认为在知识付费领域做得最好的就是"得到"App，但其采用的是邀请制，邀请的创作者大都是国内顶尖的专家学者，或者在某个领域里有官方背书的个人或机构。也就是说，"得到"这个平台吸收的创作者至少是教授、行业大咖之类已经非常有名气的人,不太适合普通人去尝试。

适合普通人选择的知识付费平台有以下几类。

社交问答类:知乎、分答、微博问答、悟空问答等。
付费讲座类:知乎 live,豆瓣、分答小讲、小鹅通等。
订阅专栏类:今日头条、喜马拉雅、知乎"盐选"专栏等。
社交直播类:荔枝微课、千聊、抖音等。

其余还有很多知识付费平台的第三方技术服务商,它们通常会搭建一个类似线上商场的程序页面,把很多付费专栏内容分门别类地展示在自己的页面上,作为知识呈现、知识变现、知识传播的完整解决方案。

我个人比较熟悉的知识付费平台是今日头条。它的付费专栏门槛较低,只要是在今日头条上开通了个人账号,并持续输出 10~20 篇质量较高的内容,粉丝数量破万之后,后台就会为创作者开通付费专栏功能。届时可能会有专门的服务人员与你取得联系,筛选一部分有潜力的作者进行为期七天的线上培训,指导你如何进行付费专栏写作,从如何创建专栏及如何起标题,事无巨细地指导你走上专栏变现的道路。更难能可贵的是,这些培训指导都是免费的。

今日头条是个综合类资讯平台,无论什么领域在该平台上都可以找到自己的受众群体,如幼儿教育、心理情感、职业技能、业余爱好,等等。我记得自己参加的那一期培训班里,专栏卖得最好的是母婴教育和一个打麻将课程,其每个月的盈利高达 10 万元。而像我这样的写作课程属于小众专栏,当时每月收入只有 1 万~2 万元。

此外，今日头条属于国内最早使用算法推荐的 App。所谓算法推荐，就是根据每个人的阅读习惯来判断读者的兴趣偏好，比如平台系统发现你一直偏好美食类资讯，就会认为你是一个美食爱好者，当然会给你推荐更多的美食类文章和视频，如果有人创作了美食类付费专栏教程，也会第一时间推送给你。

这样一来，无论你创作的是哪个领域，平台实际上都已经为你的付费专栏准备好了精准的用户群体，相当于你只需要专注创作好的内容，营销推广的事情交给平台的算法推荐就好了。

除了今日头条外，知乎、小鹅通等的知识付费类专栏同样也拥有大批拥趸。知乎适合更专业的领域，如法律类、医学类、职业教育类，而小鹅通大都针对课外辅导，用户几乎都是学生及家长，付费专栏也都是关于数理化等教育培训内容。如果你的职业是教师，那就比较适合在小鹅通发展。

至于变现方面，每个平台都有不同的抽成比例，但大部分实行五五开加扣税的方式，也就是专栏内容售卖之后，创作者收入 = 每月专栏总收入 — 平台抽成 — 个人所得税 — 安卓/苹果平台税。用户用安卓手机付费和用苹果手机付费，扣除的费用是不一样的，苹果手机的费用更高一些。

出版的变现模式

出版变现大概是新媒体写作变现中最后、也是仪式感最强的一个环节了。

一般情况下，无论你是哪个领域的新媒体创作者，当你的作品形成了一套完整的体系，拥有了一定的粉丝数量和曝光度，网络市场和数据已经证明了该系列作品的价值，通常都会遇到编辑主动邀约，希望能够结集出版。

出版以后，你除了得到一定的版税以外，更能收获一波新的粉丝，此外，你的人设定位也会有更牢固的品牌背书——毕竟，你也是出过书的文化人了。

作为新媒体行业的创作者，出书其实并不太难。需要注意的是，你在进入这个行业之初，就应该做好出书的打算，因为只有这样，你在输出内容的时候会更加严谨、更加注重可读性，知识陈列才会更系统。这样，当有一天编辑找你出版作品时，你已经有了一套系统的、框架清晰的体例结构。

这样讲可能不太容易理解，我们举个例子：

一个主攻4～14岁儿童教育的创作者，在网络平台上输出作品时，一开始就想好了自己的创作逻辑：从婴幼儿心理领域开始创作，一直延伸至青春期孩子的性格塑造，这其中的内容有两个创作逻辑，一是按照孩子的年龄逐步递增，二是按照家长的痛点逐步推进。

比如按照孩子年龄逐步递增的策略，每个年龄段的孩子都拥有不同的心理特征和情感诉求，这样的推进逻辑能够让受众群体清晰明了地预判你的创作意图，从而期待看到自己想看的内容。如果按照家长的痛点来进行创作，就要遵循更加实用的策略：每一篇文章解决父母育儿中的一个难题，像是陪伴父母的一个育儿锦囊一样。这样一来，父母遇到育儿难题，第一时间就会到你的文章列表里进行翻阅。

我们之前说过，写新媒体文章，要把自己放在产品经理的位置，把读者放在用户的位置。我们看似是在输出文字，实际上是在打磨一个个零件，最终把所有的零件组装起来的时候，需要形成一个完整的、系统的、实用的工具，释放出更大的阅读价值。

这也是出版社判断这个作者的作品是否适合出版的一个先决条件。

如果你创作的类型过于繁杂且互相之间关联性不强，今天写情感类文章，明天写历史类文章，后天又写产品评测文章，不仅粉丝群体定位不够精准，就连结集出版的基础标准也无法达到，自然就把出版变现这个渠道给堵死了。

新媒体类型的出版变现方式主要有两种：一种是直接买断版权，一种是行业通用的版税制稿酬。一般首印量为 5000～10 000 本，版税率为 8%～12%，我们可以根据这些数据和图书的定价算出首印之后自己的版税收入。

第 3 章

零基础写作从搜集素材开始

从本章开始,我们进入正题,开始用实际行动践行写作之路。

在以往的新媒体教学过程中,很多学员会私下问我一个问题:"我感觉自己在心理上完全准备好了,可是当我打开文档开始写作的时候,却发现自己面对新建文档根本不知道从何说起,有时候甚至脑子一片空白。"

其实,在写作之前有一项极为重要的准备工作,那就是收集素材。

如果把写一篇文章的整个过程比作搭建房屋,收集素材的工作就变得容易理解了。搭建房屋需要的基本建筑材料有地基、砖瓦、横梁、框架等,这些材料就相当于文章的主题、立意、案例、金句等元素。

一篇有主题、有观点、有案例、有数据、有金句的文章会更有说服力。我们在写作之前,就应该把这些搭建文章元素的"建筑材料"准备齐全,并且分门别类地归置整齐,这有利于我们在创作时拿来即用,不至于写着写着就突然卡壳了。

例如,我们要创作一篇名为《我不会离婚,也不会碰你:中年夫妻最难以启齿的痛,是这个》的文章。这是一篇关于中年夫妻情感痛点的内容,其目的是推荐一家保险公司的大病保险业务,也就是说,这篇文章看似是情感文,实际上是一篇商业软文。

这篇文章的核心主题是:中年夫妻尽管一起走过了多年,但其实感情并没有想象中那般牢靠,在面临生死抉择和重大医疗费用面前脆弱不堪，为了避免出现这样的人生悲剧，最好的办法就是未雨绸缪，提前做出医疗方面的保险规划。

我们确定了主题思想之后，下一步就需要收集素材，作为文中观点的支撑。

生活情感类的素材和案例，同样需要在现实生活中寻觅，来源通常有三个。

第一，自己周遭真实的经历。

将作者的亲历事件作为案例是最简单的一种写法，因为亲身经历过，所以能够把这个案例的细节按照自己所需要的方向做局部特写，突出事件反映出的独特意义。另外，在文中说明这是作者亲身经历的事情，对于读者而言也会更有说服力。

第二，影视作品情节。

影视故事情节中时常映射现实生活的痛点，并且热门影视剧的观众很多，提到某个热门影视剧中的故事桥段，能够快速唤起读者的记忆和情感，减少理解成本。

比如提到房子带给年轻人的压力，就必然会想到《蜗居》；提到官场腐败问题，就会用《人民的名义》来举例；如果是反映原生家庭对子女的影响，则会用到《都挺好》里的桥段；子女教育方面，时常会在《虎妈猫爸》中寻找例证。

因此，影视剧是新媒体写作者的素材宝库，可以放心大胆地使用。

第三，社会类新闻。

社会类新闻也是新媒体写作中常见的素材来源，尤其是热门新闻事件，原本就具有很强的话题属性，在写作中作为案例用来佐证自己的观点，时常能够起到事半功倍的效果。

回到《我不会离婚，也不会碰你：中年夫妻最难以启齿的痛，是这个》一文，我们选取了两个案例故事作为观点佐证。一个是纪录片《我的白大褂》中，一位中年男子因突发胸痛而住院，随后被诊断出凶险的主动脉夹层出血，随即医生下了病危通知书。该中年男子的妻子随即面临一个非常艰难的抉择：动手术需要30万元，而此病的死亡率高达63%。

妻子需要立即拿出全部积蓄，而且还要跟亲戚朋友借钱，债台高筑之下依旧可能面临人财两空的风险。此时，手术做还是不做，这个涉及情感和伦理的选择就真切而残忍地摆在了妻子面前。

另一个例证源于社会类新闻《河南48岁患病男子不舍10万元手术费出走，3天后确认轻生离世》。利用这个在大病和巨额医疗费面前，男子自我放弃为家人减轻负担的案例，进一步说明了意外大病对家庭和个人的巨大破坏性。

随后，文章循循善诱地向读者说明：

> 我们很难一辈子不遇到这种事情，意外是一个大概率事件，它会随机发生在每个人头上，为了避免它对我们的生活和生命带来巨大的冲击乃至毁灭，我们需要做好两件事：第一是面对苦难的态度，第二是未雨绸缪的准备。

最后，文章转向了保险的重要性，介绍了保险对于风险规避的重要作用，并推荐了某保险公司的大病险业务，最后贴心地放出免费报名学习保险知识的二维码，完成了整篇文章的精准转化。

这样的商业软文，除了要有一个观点明确的主题外，还需要两到三个故事案例作为素材。因此，素材的收集和积累在写作者的工作中是非常重要的环节之一。

块状分类，积累素材

对于写作者而言，任何事情都有可能成为写作素材。在日常的工作和生活中，要养成随时收集素材的习惯，积累更多的写作资源，让它们成为我们写作的"外挂大脑"。无论是我们看到的新闻、影视剧、公众号文章，还是我们在生活中的所见所闻，读书时看到的经典字句，都是我们可以积累的素材，它们将使我们保持源源不断的创作欲，大大延长我们的创作生命周期，使我们不会因为灵感枯竭而陷入创作瓶颈。

相信很多人在阅读网络资讯时都有一个习惯，那就是看到一篇自己喜欢的、认可的或感觉日后用得上的文章，会随手点击收藏，等有空时再看，或者有需要时再来查阅。但实际上，我们都知道，这些收藏的素材多半会永久放在我们的收藏夹里，再也不会被打开翻阅了。

对于写作者而言，搜集素材不能一股脑儿全部交给收藏夹，而是要分门别类地进行整理，就像匠人的工具箱，无论锤子、钳子、电工刀、胶带卷还是螺丝钉，都要排放整齐，这样在使用时才能信手拈来。

我们可以把素材分为四大类别：新闻资讯类、知识经验类、故事见闻类、观点金句类。

新闻资讯类

无论是社会事件还是娱乐新闻，我们都可以从中发现人们关注的焦点，从而引申出带有观点输出的文字内容。事实上，每一个社会热点新闻出现之后，都会随之产生许多爆款文章。回想一下在《我不是药神》上映之后，我们是不是时常能够看到关于医疗改革和药物价格的讨论？在"江歌案"发生后，关于人性的讨论是不是从来就没有停过？其他还有"高铁霸座男""奥运会""卫星上天""重庆杀子案"，等等。

很多网络爆款文章内容都是对社会事件的延伸讨论，因此我们要对新闻资讯类内容保持高度敏感，搜集适合自己领域的话题，尝试围绕话题展开创作。

知识经验类

偏生活实用类的内容，比如考研复习技巧、育儿知识、职场话题、写作技能等都属于知识经验类素材范畴。如果你创作的内容属于此领域，同样需要积累类似素材。这不仅仅限于同领域内容，经常学习和收集跨领域、跨学科的知识内容，学习对方的表达技巧和写作框架，同样能够让我们在开阔视野、提高写作技巧，同时还能够从俯瞰视角将自己的创作领域和其他领域结合起来，形成更为广泛的创作视野。

故事见闻类

人们天生无法抗拒故事，无论是生活中在亲戚、朋友、同事之间口口相传的真实故事和趣闻，还是在文本平台上看到的虚构故事，都有可能成为我们在写作时随手引用的内容。

故事拥有很强的说服力，即使是我们的父母，他们从来没有学过写作技巧，在我们小时候劝导我们学习时，也会说出"你看人家谁谁谁家的孩子，从来不打游戏，不看电视，所以学习成绩才那么好！"他们用这类故事来说服我们减少玩游戏或看电视的时间。

观点金句类

有着明确观点的文章往往拥有较强的争议性，比如《离开体制这三年，我没有一天不后悔》，或者《我为什么提倡年轻人逃离北上广》。无论是否离开体制自主创业，还是要不要逃离北上广选择更轻松的生活，这些原本就是见仁见智的观点，极易引发网友讨论，从而形成热议话题。我们在阅读、观察这类文章的时候，一定要注意阅读评论内容，观察网友的情绪倾向，看是否能从另一个角度切入，写出一篇观点完全相反的内容，形成自己的爆款文章。

比如《我为什么提倡年轻人逃离北上广》这篇文章，如果下方评论区有大量网友持反对意见，认为年轻人不能太过佛系，北上广不是年轻人的噩梦，或者如果我们不努力，即便回到三四线城市又如何。这类观点如果不在少数，那就完全可以趁机创作一篇《逃离北上广的年轻人可能是在逃避责任》这样的内容进行反驳，同样会收到不错的阅读效果。

其实，金句就是浓缩并简化了的观点，比如"得不到的永远在骚动，被偏爱的有恃无恐"等。多收集类似的金句，能够让我们在观点表达上更加简洁，也更容易让读者加深记忆。

除了以上四大分类以外，根据个人创作领域的不同，你还可以开发更多的素材分类，制作属于自己的素材库，每当自己不知道写些什么的时候，就打开这些素材库，浏览一下里面的内容，看哪个话题更能触动自己，哪个素材更能激发自己的表达欲，那就给自己定一个主题、一个观点，然后开始创作。

紧跟热点，事半功倍

我们刚刚开启新媒体写作之路的时候，人微言轻、流量不多、粉丝不够，可能很难通过纯粹的作品扩大自己的影响力。这个时候，就需要借助"东风"飞得更高，这个东风就是"热点事件"。

热点事件通常是指，在某一时段内某个领域发生的大事，有些甚至是全国人民热议的事件。在事件发生后，如果我们能敏锐地意识到这个话题可能会引发各种观点的激烈碰撞，恰好你对这个领域又非常熟悉，那么机会来了，快打开电脑创作吧，这很可能是让你一飞冲天的大好机会。

热点跟踪创作，其实就是我们常说的"蹭热点"。我曾经借助"成都女司机被打"案件的突发灵感，加上自己会使用 Photoshop 等设计软件，在这件事成为热点事件之后，我选择了一种另类的创作方式，用涉事车辆的品牌 Logo 及广告文案与其他品牌的 Logo 及广告文案做了一些调侃性的即兴创作，做了一系列别有趣味的解读，结果那篇推文被国内数百家媒体转载。这件事并没有给我带来太多的利益，但让我明白了一件事，那就是在新媒体创作领域，的确存在一条"捷径"或一个"流量密码"，那就是蹭热点。

随后，由于我们本地是一个教育重镇，每年对于学生的升学情况都格外关注，因此我抓住小升初、初升高、高学费等热点事件创作了一系列关于教育的内容，在本地的媒体圈有了一定的影响力。

其中，一篇名为《我为什么说××市是教育的重灾区》的推文，直接批评了本地教育资本化导致家长焦虑、学生内卷严重的现象，当晚粉丝增加3万人，阅读量破10万人次。因为踩中了家长和学生的痛点，这篇文章被转发了9000多次。后来，本地教育部门联系了我，委婉地让我删除文章以消除负面影响。至我删稿前，这篇文章的阅读量最终停留在35万人次左右。

当然，这也直接导致我产生了放弃运营本地自媒体的想法，一方面由于限制太多，不能畅所欲言；另一方面由于观点类账号不如服务平台类账号变现快。

回到热点跟踪本身的话题，如果我们想要在创作之初快速起飞，那么最好的办法就是每天盯着热搜榜，什么话题热门就写什么，什么热门话题能够跟自己擅长的领域扯上关系就写什么。

英国科学家霍金逝世之后，我第一时间写了《今天，全世界最懂宇宙的人走了》，同样收获了很多流量，这个标题也被不少大型媒体平台引用，没过多久，朋友圈开始纷纷发文，引用的就是这句：全世界最懂宇宙的人走了。

这就是"热点+金句"的力量，热点事件能够把大众的注意力集中在一个点上，而金句为他们提供了转发时简短有力且很酷的短句文案，自然会形成一波转发和跟风热潮。

那么，什么样的热点值得我们去追、去蹭呢？

其实蹭热点这件事也有技术含量，如果你只是单纯复述这件大家已经知道的事情，那么这篇推文的价值就不大，除非你写的是独家新闻，但这明显不大可能。

我们需要在热点事件中寻找和探索新的意义，赋予读者延展性阅读的快感。比如：娱乐明星离婚或出轨，我们可能需要延展的话题是"婚姻中往往是付出越多的人，越容易毁了另一半"，或者是"真正打败婚姻的，不是没有了爱，而是……"；对于名人逝世，我们可能需要延展的话题是"你只知道他是国民文豪，却不知道他还是优秀的设计师"，或者是"这家袁隆平光顾了18年的小店，再也等不来老顾客了……"；对于教育改革话题，我们可能要延伸出"教育路上，最不该偷懒的是家长，最不该放养的是孩子"，抑或是反面观点"人生不是马拉松，孩子没有所谓的起跑线"。

实际上，蹭热点的最高境界，就是从话题中找到更新奇的切入点，带给读者视角不同的新观点，并且绝大部分是正向的、深刻的或猎奇的。简单粗暴地拾人牙慧，重复热门话题中那些被讨论过无数次的东西的做法是万万不可取的。

梦境联想，灵感扩散

故事创作是新媒体写作中重要的一环，新媒体故事创作需要的是持续不断地输出，需要用量变引发质变，这就要求我们随时都能发现和创作新故事。

故事创作除了需要多看、多输入以外，同样非常依赖平时的素材收集工作。故事素材的收集范围非常广泛，我们可以根据自己的写作题材和偏好选择不同的平台和媒介进行收集。

如果你的故事创作类型是古代言情，那就需要在情感领域进行大量阅读，尤其是同类型平台，一方面大量阅读会让我们对于某个单一领域的故事结构和遣词造句有一个非常直观的印象，另一方面会激发我们的大脑将看到的故事经过消化后，转变成自己的灵感。

我曾经请教过一位写女性古代言情类故事的作家，她有一个极巧妙的灵感获取渠道，那就是阅读任何故事的时候，都尝试把自己的故事套进去，看看会不会产生新的灵感，从而打造出拥有自己独特风格的故事。

例如，你看到一篇关于霸道总裁和蠢萌小职员之间的甜宠故事，但我们自己的写作领域是古代言情，那是不是可以尝试把霸道总裁换成高冷王爷，把蠢萌小职员换成王府小侍女呢？

从现代爱情故事到古代言情故事，其实历史背景的变化，人物阶层的替代，故事结构的转换，会让你在不知不觉中创作出一篇崭新的故事。

此外，几乎每个作家都会在自己的梦境中或多或少地得到过一些灵感和创作动力。在我的另一本故事写作书《拆解一切故事写作》中，曾经针对如何从梦境中获取灵感并加工创作成为一本故事书有着非常详尽的阐述。

例如下面这个片段：

> 比如我们某天做了一个梦，梦中只有模糊不清的两个身影，一位英姿飒爽的女将和一名铁甲银盔的少年，两人在一望无际的漫天黄沙中驰骋……

也许梦境中有着清晰的故事情节，但醒来之后，我们只记住了印象最深的画面，梦中的画面在我们的脑海中久久不散，化作一种强烈的创作欲望，我们迫切地想要把梦中的故事写下来，与更多的人分享，但仅凭一两个破碎残缺的梦境和画面，我们能做到吗？

答案是肯定的，我们需要先给残缺不全的梦境和画面加入一些故事的必备元素。一个故事必备的元素有：（1）一个性格鲜明的人物；（2）一个清晰明了的目标；（3）一个或多个阻碍；（4）接连不断的行动尝试；（5）意外的突然发生；（6）濒临绝境时的转折；（7）结局。

接下来，我们把这些故事元素添加到刚才的梦境里，延展成一个完整的故事。

> （人物）：女翻译官青遥，一觉醒来竟然穿越成为唐朝穆

王府的一名侍女。拥有现代思维的青遥,泼辣果敢的性格很快受到了少年将军穆风的喜爱。

(目标):青遥教穆风学英语,穆风教青遥学武功,两人逐渐生情,并约定一起去边疆看日落。

(阻碍):两人因古代门户之见无法成为情侣,皇帝将穆风派往边疆剿灭匪患,战事吃紧。

(行动):青遥利用智慧出走穆王府,在民间招募仁人志士,赶往边疆支援穆风,合力驱匪,一战成名。

(意外):青遥被奸臣诬陷有谋逆之嫌,被带回京城打入了大牢,穆风也被连累,削了军权,两人被迫分离。

(转折):青遥在大牢中无意得知了惊天秘密,原来意图谋反的奸臣要在中元节动手。青遥用英语写成字条递给穆风,两人里应外合,揭露了奸臣诡计,救下了皇帝性命。

(结果):青遥被皇帝收为义女,官封英武上将。青遥不喜宫中繁文缛节,选择与穆风成婚后一同戍边,共御强敌,两人成为边疆戎马情侣。

就这样,我们对模糊不清的梦境进行补充完善,把它扩展成一个故事简介。

在这个故事框架里,主角有清晰的目标,会遭遇时代或人物的阻碍,有一定的矛盾冲突,也有主角为了达成目标而付出的努力和行动,更有绝处逢生、柳暗花明的转折,最后有明确的故事结局。

接下来,按照这样的节奏铺设细节,逐步丰满剧情和人物,就会获得一篇完整而合格的新媒体短篇故事了。

第 4 章

新媒体文章创作全攻略

新媒体写作与传统媒体写作和传统文学写作不同，它具有非常明确的目的性，是为了在快节奏生活的间隙快速抓住读者的注意力，在碎片化时间里为读者提供碎片化知识和短暂的情感体验，从而引发读者的订阅和持续关注。

从框架结构上来讲，新媒体文章的每个环节都承担着相应的任务。

（1）标题：能够高度浓缩并涵盖整篇文章的含义，同时对新媒体账号进行定位，并贴合用户需求，戳中用户痛点。

（2）开头：开篇简洁明了，抓人眼球，能够吸引读者兴趣，使之连贯阅读。

（3）结构：文章结构清晰，递进合理，主题聚拢不跑题。

（4）行文：文字流畅简洁，逻辑合理，有信息增量。

（5）素材：与主题贴切，具有一定的故事性，新颖不老套。

（6）结尾：与主题呼应，推动情绪和观点共鸣。

新媒体的写作更像是打造一款产品，文章中的每个环节都具备相应的功能，具有模块化的特征，我们需要提前意识到这一点，在写作过程中刻意练习，使得整篇文章每个部分的功能愈加完善。

本章我们将对新媒体写作中的重要结构进行逐一拆解，结合用户需求深度了解每个环节的写法。

符合碎片化的阅读场景

移动互联网改变了我们的生活,甚至颠覆了很多原有的生活方式,比如支付方式、出行方式和阅读方式。

对于阅读而言,曾经是以纸质书为主要媒介,以传统官方媒体为主要平台,是需要抽出专门的时间来进行的一件事。比如晚饭后,拿起书架上的书,躺在沙发上或床上进行半小时左右的深度阅读;或者是早上上班之后,泡一杯茶,拿起当天的报纸,先进行大致浏览,然后选取自己感兴趣的文章细细品读。

相对而言,传统的阅读方式沉浸感更强,阅读时间更长,也更具仪式感。

而现在的阅读场景最大的变化是时间及场景上的变化。如今的阅读是无处不在的,是快捷而短暂的,你可以在生活的任何间隙打开手机开始阅读,场景也可以是任何地点,如地铁上、公交车上、饭桌上、厕所里、办公室里、床上、草坪上等任何地方,甚至有人在走路时也在"刷手机"。

阅读时间的变化,使得读者在每一次阅读时投入的时间并不长,呈现碎片化的趋势;另外,阅读场景的复杂化使得读者的注意力不够集中。

试想一下,你在嘈杂拥挤的公交车上,摸出手机想进行五分钟时间的阅读,此时如果你看的是艰涩难懂的《论光的波粒二象性》,你的思想大概率无法集中,但如果你读的是较为轻松的《微博段子合集》,难度就小了很多。

理解新媒体的阅读和使用场景,对创作而言意味着更清晰、更精准的目标定位,也更容易创作出符合新媒体阅读场景的文章。

营造流畅的阅读感受

流畅的阅读感受同样也是新媒体文章的特征之一。同样归因于阅读场景的变化,文本在被阅读的时候,需要尽可能降低读者的理解成本,给读者一种所见即其意的感受,使其能够在没有理解障碍的情况下"丝滑"地读完全文,并能够理解文章的含义、接收到文章传达的信息、认同文章表达的观点,最终能够获得观点认可、情感共鸣或情绪释放。

为读者营造流畅的阅读感受,最大的目的是预防读者的注意力转移。互联网时代的最大特征就是信息密度极高,每天每个人都要面临海量的信息在眼前掠过,这是一个所有媒介共同争夺用户注意力的时代,任何抓不住用户和读者眼球的资讯都是"失败"的,任何不能够让读者连续关注和沉浸的产品同样是"失败"的。

就拿游戏而言,所有的游戏产品设计的关键就是为了让你在游戏中消耗更多的时间,如果一款游戏不能够靠"氪金"来盈利,但有着超长的用户在线时间,还算是有潜力的;但如果用户下载之后只玩五分钟就卸载了,那这个游戏注定是个失败的产品。

新媒体文章同样如此,我们追求的就是破除一切障碍,让读者从头读到尾,也就是所谓的"读完率"。如今信息智能分发平台越来越多,无数创作者在平台上写文章、写段子、发视频,平台是根据什么来判断应该给你的作品匹配流量呢?

如果把流量都匹配给那些粉丝百万的大V账号,就会形成明显的头部效应,打击新作者的创作热情,造成作品类型单一,整个平台生态系统就会出现问题;如果将流量向新作者倾斜,那怎样保证他们的作品是值得推荐的呢?

平台开发了一系列的智能算法帮他们解决这个难题。

如何衡量一篇新媒体文章的质量呢?有两个重要的数据指标需要我们各位注意:读完率和跳出率。顾名思义,读完率代表点开文章的读者中有百分之多少是从头到尾看完了整篇文章的;跳出率则代表多少人打开文章之后,因为各种原因没有完成阅读就跳转了出去,关闭了阅读窗口。读完率越高,代表这篇文章质量越好;跳出率越高,代表文章质量越差。

至于平台如何来精准计算读完率则属于技术问题,每个平台有着不同的技术指标,有些平台利用的是计算文章字数,给出一个读完文章预估的时间,然后计算读者打开页面之后停留的时间。如果读者停留时间和预估读完的时间高度吻合,则系统判定为读者已读完。有些平台有着更高级的智能算法,能够计算出读者在屏幕上的滑动次数,以此来判断读者是否读到了最后。

这些内容我们了解即可。最重要的是，新媒体写作的指向性很强，它要么是要输出自己的观点，要么是要推销自己的产品，要么是要表达一种情感。总之，新媒体的文章需要做到流畅、无障碍，让读者心无旁骛地完整阅读，从而达到自己的目的。

不然的话，我们花费数小时甚至几天时间辛苦创作一篇文章，然后绞尽脑汁在数个标题之中选择了自己感觉最为抓人眼球的一个，结果读者点击进来之后，只看了一个开头就跳转出去了。这样的话，我们的文章一来没有触达目标读者，二来被系统判定为低质量文章，从而截断了流量支持，从此以后就被淹没在海量的网络冗陈数据中，再无翻身之日。

如何让我们的文章流畅，使读者没有阅读障碍呢？基本上我们要做到以下几点。

有着清晰的逻辑结构

完整的结构和清晰的逻辑是一篇新媒体文章的基础。无论我们创作哪种类型的题材，结构和逻辑都缺一不可。

完整的结构是指文章的大体架构，如同一本书的目录，尽管新媒体文章大多是以单篇的形式存在，但其在叙述上仍有简单的结构。比如一篇解读《人类文明史》的文章，它的结构大致就可以分为狩猎时代、农业时代、工业时代、互联网时代等几个部分；又如一篇解读新款轿车的文章，它的大致结构就是外观部分、内饰部分、动力系统部分、驾驶体验部分和总结推荐部分。当然，每个大结构中还可以继续细分出小结构，例如外观部分里，可以按照前脸、侧面、尾部三个小分类来写。

这样分门别类地把文章的框架搭建好,在写作时不至于想到哪里就写到哪里,可以最大限度地保证文章的结构合乎常理,使文章有一定的秩序感。

人类天生讨厌复杂凌乱的东西,喜欢简单又有秩序的东西,在阅读文章时同样也是如此。这就像有些老师讲课或平时生活中的演讲和谈话,总是会出现类似这样的场景:在社会养老体制改革方面,我个人的意见一共有三点,然后第一、二、三点分别罗列陈述,这样的讲话简明易懂,分成三点分别讲述,给人一种结构紧凑、逻辑清晰的感觉,听众和观众就比较容易理解整段讲话内容。

说完结构,我们再谈逻辑,清晰的逻辑是建立在规整的结构之下的,只有结构规整,我们在写作时的逻辑才会清晰。

假如我们要撰写一篇关于新款面膜的商业软文,首先在结构上把它分为几个部分,分别是这款面膜的产品卖点:锁水保湿、抗皱焕新、美白祛斑。文章主要围绕这几个产品卖点来进行创作。

我们拿其中的一个产品卖点来展示如何有逻辑地叙述。

比如在锁水保湿部分:我们先讲解一下皮肤水分是如何流失的,接着引申出皮肤保湿的重要性,然后再举一个简单的例子,比如办公室里两个女孩有不同的护肤习惯,一个是正确的,一个是错误的,两人的护肤效果截然不同。举例佐证之后,我们可以着重描述一下本款产品是如何做到锁水保湿的:因为它有某项特殊配方或科技加持,所以其锁水保湿功能比同类产品更好。

这样逐步推进的写法，从皮肤水分流失开始引发人们对保湿的关注，用生活中的例子佐证皮肤水分带来的不同感官效果，最后延伸到目标商品的独特性上……让读者跟随你的思路，一步一步地认同你的观点，从而被你说服，在文末的链接中下单购买。

这就是结构和逻辑带来的流畅感，不仅是让读者顺利读完全文的保证，同样也是一个潜移默化说服读者的过程，我们在创作新媒体文章之前，就应该先罗列结构、预演逻辑，然后有计划、有步骤地进行创作。

当然，每个类型和题材的新媒体文章都有各自适用的结构和逻辑，比如总分总结构、并列结构、递进结构、镜像对比结构等，我们会在后文对文章的结构有详细的阐述。

从长句变为短句

我们先看两处小说描写的片段。

时常阅读新媒体文章或网络小说的读者应该有这样的体会，你会发现文章中的句子越变越短了，段落也越来越轻快了。具体是什么样的感受呢？我们来看两个例子。

这块田地还是新开辟的，许多东西都叫不出名字，不得不用手指指点点。每年三月，衣衫褴褛的吉卜赛人都要在村边搭起帐篷，在笛鼓的喧嚣声中，向马孔多的居民介绍科学家的最新发明。他们首先带来的是磁铁。一个身躯高大的吉卜赛人，自称梅尔加德斯，满脸络腮胡子，手指瘦得像鸟的爪子，向观众出色地表演了他所谓的马其顿炼金术士创造的世界第八大奇迹。他手里拿着两大块磁铁，从一座农舍走到另一座农舍，大家都惊异地看见，铁锅、铁盆、铁钳、铁炉都从原地倒下，木板上的钉子和螺丝嘎吱嘎吱地拼命想挣脱出来，甚至那些早就丢失的东西也从找过多次的地方兀然出现，乱七八糟地跟在梅尔加德斯的魔铁后面。

——加西亚·马尔克斯《百年孤独》片段

于飞是八零后，出生于一个普通的农村家庭，父亲是教师，母亲是典型的家庭妇女。

也算是半个书香门第。他上面还有一个哥哥，两个姐姐。于飞是最受宠的一个，哥哥姐姐对他也很照顾。

赶上改革开放的时代，也就是赶上了好日子，是老一辈对于飞这一代人经常说的一句话。

……

他娶个媳妇却用了父母所有的积蓄，还有自己下学之后几年打工所有的剩余，另外父母还背了一身的债。

——老街板面《我有一座山》片段

从上面的两段小说文字我们可以看出，相较于传统的经典文学作品，如今的网络小说作品从长句变成了短句，段落从动辄数百字的长段落，变成了更为"轻薄"的小段落。

我们暂且不论两个作品的文学价值，单从阅读感受上来讲，长句和大段落给人的感觉是厚重的、严肃的，而短句和小段落给人的感觉则很轻松，节奏较快，阅读起来眼睛不疲累。

如今，读者大都使用手机阅读，而手机受限于屏幕尺寸，每一行显示的字数有限，如果一个段落动辄数百字，就意味着文字将充满整个屏幕，这会使读者的阅读体验变差，厚重的大段落带来的是阅读的疲惫感，轻巧的小段落和短句带来的是流畅快速的阅读感受，这是如今新媒体写作相对于传统写作一个非常明显的变化。

如果说经典的文学巨著和网络小说没有可比性的话，那么我们再来看一个更为相近的案例。

当天上午，连环画《国魂》在绵阳举行首发式，下午在绵阳市图书馆举行《国魂》原稿展览。简短的开展仪式后，来自国内各地的画家和连环画爱好者走进绵阳市图书馆二楼展厅。在展览现场，连环画《国魂》的100余幅绘画原稿，根据作品故事内容顺序进行展出。看到一幅幅作品，到场的参观者细心品读，并就绘画的构图、技法等进行现场交流。有的参观者还特意拿着连环画《国魂》文本，与原稿进行现场比对。

——某市晚报新闻节选

当天上午

连环画《国魂》在绵阳举行首发式

随后在绵阳市图书馆举行原稿展览

简短的开展仪式后

来自国内各地的画家和连环画爱好者走进了展厅

对现场100多幅原稿画进行了仔细观摩

画家们针对画技和构图进行了现场交流

爱好者们则对故事情节和人物展开了热烈讨论

展览期间

《国魂》主创人员代表李晨

也来到了展览会场,与现场观众一同互动交流

讲述了《国魂》的创作初衷以及"两弹一星"功勋科学家的故事。

——某市本地公众号新闻节选

面对同样的新闻事件,主流报纸媒体的写法和当地门户公众号,在排版和断句上有着截然不同的方式。

公众号以短句为主,把之前完整的句子进行了拆分,使得每一行的字数减少,再以大行距的方式进行排版,显得清晰明了,能让读者一目一行地读完。

根据以上的两个例子,我们可以看出,在新媒体文章领域里,短句、小段落已经成为一种趋势,这同样也是受到用户阅读场景所限而衍生出的新变化。

不仅如此,有些新媒体文章还在字体大小和颜色上花了不少心思,他们会针对自己读者的年龄来选择更适合的字体大小,有些甚至为了改变白底黑字的长时间屏幕阅读带给读者的不适感,而把字体调成 80% 的灰色度,从各种细节去优化读者的阅读体验,都是为了让读者能更舒适、更顺利、更快捷地读完全文。

不假思索的好标题

想象一下，假如我们身处人声鼎沸的嘈杂环境中，无论是菜市场还是火车站，抑或是大型批发市场或宴会现场，你能想到自己喊一句什么样的话，就能引起所有人的注意吗？

这句话就是"标题"。

如今我们只要打开手机，面对的海量信息其实就是一个嘈杂的场所，所有人都在急切、卖力地表达自己的观点，到底什么样的标题才能让读者不假思索地点进去呢？这是我们作为新媒体创作者不得不思考和掌握的一个重要创作技巧。

标题在移动互联网时代的重要性毋庸置疑，一个好的标题能够吸引用户注意，进而使得我们的文章获得更高的阅读量，更能促进用户转发获得二次曝光的机会。

前几年，我在参加今日头条举办的平台大V创作分享活动的时候，有一个拥有百万粉丝的作者和我们分享了她的观点，我深以为然。她说："作为新媒体文章的创作者，我们很多作者习惯性地把所有的精力都用在内容创作上，而忽略了标题的重要性，试想一下，我们平均创作一篇文章所用时间少则4小时，多则数天，而每次取标题大概只用几分钟。如果标题不够吸引人,那么自己精心创作的文章无人进来阅读,那不是一种极大的浪费吗?"

那么,什么样的标题才能让读者不假思索,如同生理反应一样点击进来呢?

这里我们需要了解一下基础的人类心理共识,人们在选择阅读时会有哪些心理共通性?

一般而言,人类有以下几种心理:恐惧、利益关己、情感共鸣、猎奇、颠覆认知,等等。只要能够触发以上几种心理机制,都能引发读者的关注,让读者不由自主地想点开看看。

接下来,我们分别讲解一下好的标题是如何直接触发读者心理反应,从而不假思索地点击进去阅读的。

引发恐惧式标题

恐惧是人类的底层情绪,极易被触发。人们天生对威胁自身安全的东西都很敏感,早些年有些专门针对老年人的公众账号在这方面做到了登峰造极的地步,制造出了一大批"骇人听闻"的标题。比如:《99%的人都不知道,你家有4种常用食物强烈致癌》《太可怕了,这种家电会让孩子智商变低》。

类似这样以恐吓的方式吸引读者点击的标题还有很多,甚至被网友戏称为"标题党",意指那些刻意夸大事实、文不对题、造谣生事的标题创作者。

当然,这一类标题目前已经遭受了各大平台的严厉打击,年轻的网友对这类标题早已形成了下意识的抗拒意识和辨别能力，只有某些无良媒体仍在靠这类"震惊体"标题围猎老年人群体。

这种标题的创作方式我们知道即可，不推荐使用。

引发利益关己的标题

和自己切身利益相关的标题也能引发大面积人群的关注，如房价、社保、教育等，都是和每个人息息相关的事，这类标题有代表性的如《全国32个城市房价准许下调，来看看有你的城市吗》或《社保制度改革后，你每个月能多领多少钱》。

此外，在个别领域内，同样也能用利益相关的方法创作标题，比如职场话题《为什么有些人来得比你晚，升职比你快》，或者《掌握4种与领导相处之道，薪资上涨20%》。

这类标题能准确找到对应的职场人群，透析读者内心的焦虑点，给予利益相关的话题和解决方案。只要是职场人士，大都容易被此类标题吸引，往往会点进去一探究竟。

引发情感共鸣的标题

这类标题的创作要点是讲出了读者想说但不方便说的话。读者能够经由此类标题获得情感共鸣，同时这类标题的转发量也会很高，读者既然不方便自己说，便会借由转发此类文章来表达自己的情绪。

就像很多人在微信朋友圈转发网易云音乐上的某首歌一样，其实他们并非在分享歌曲，分享的是自己无法言说的心情，借由某一首歌曲或一段歌词贴切而含蓄地表达着自己的心情。

《恕我直言：凡是利用下班时间开会的公司都是耍流氓》，相信这个标题会让很多职场人士会心一笑，从而感觉内心有一句话在应和：说得真是太好了！

《和明白人说话，和踏实人做事，和厚道人谈情》这样的标题类似金句，人们看了以后，结合自己的生活感悟，都会觉得确实是这么一回事。几乎每个人都会在生活经历中遭受某种程度的背叛、欺骗，看到这样的标题，能够高度总结出自己的内心感悟，并且对仗工整、朗朗上口、易于记忆，非常适合读者转发。

类似这样容易引起读者共鸣的还有《中国的高房价摧毁了80后的一切》《这个世界上最傻的事，就是跟年轻人掏心掏肺地讲道理》《中年人最享受的时刻，是下班后在楼下的车里抽支烟》《老年人幸福长寿的秘诀：不要多管闲事》。

悬念式标题

好奇心同样也是人类共同拥有的心理特征，无论是提问式标题，还是悬念式标题，目的都是激发读者的好奇心，让读者看到标题之后，就忍不住点击进去到文章中寻找答案。

比如《生活中这五种人绝对不会出轨》，这种标题的悬念感很强，让读者忍不住会想，什么样的人绝对不会出轨？这五种人里面，有没有我这样的人呢？我得看看和我心里的想法是否对应。

再如《今天，我离婚了，但我真的很开心》这种标题同样自带故事属性，让人一看就按捺不住想要点进去看看，这个人为什么离了婚还很开心呢？一定是……

此外，类似的标题还有《北漂10年，我成功倒欠银行400万》《你以为明星的钱多到花不完？我来给你算笔账……》《90后女孩被婆婆欺负2年，接下来的操作堪称教科书级别》。

引发争议式标题

此类标题直接在文案中引发了争议、质疑和站队，能够激发读者对于标题观点的讨论热情，这一类标题一般拥有明确甚至略带偏激的观点，不以绝对正确为目的，为引发争议讨论而存在。比如《我所认识的那些离开体制去创业的人，没有一个后悔的》。

很明显，这篇文章的内容一定是鼓励年轻人不要在体制里"养老"，而应该走进社会积极创业以实现自我价值，但这样略显"绝对"的标题一定会引起一部分人的质疑：真的吗？年轻人为什么都要去创业，难道在体制内就不能实现自我价值了吗？另外，还有一部分人会对此感到好奇：离开体制真的那么好吗？我要看看你身边都是一些什么样的人？离开体制后的生活是什么样的？

我曾经写过一篇文章，标题是《辞职在家全职写作，我用一年半完成了人生转变》。在写下这样的标题之后，我已经意识到这篇文章一定会招来很多人反对的意见，当然和我有同样经历的人也会对此表示赞同。

文章发出去之后一个小时，评论量达到了245个，果然有很多人表示反对：你只是个例，并不是所有人都适合全职写作，万一没有写出名堂，又丢了工作，你岂不是在耽误别人？

当然，也有人表示支持：想要获得从未有过的生活，就要干从未干过的事情，辞职写作固然是一次冒险，是否走出这一步取决于你对这件事的决心有多大。

两种截然不同的观念在评论区热烈地讨论着，大量的评论促使平台认为这篇文章可能是一篇优质文稿，于是加大了推荐量和曝光量。就这样，雪球一旦滚起来，会越来越大，最终这篇文章的展现量是30万+，而阅读量高达15万+，成了不折不扣的爆款文章。

如果你想引发热烈的讨论，不妨大胆一些，使用较为激进的观点作为标题。当然，需要注意的是，在创作此类标题的时候，要注意"三观要正"，不能为了引发争议刻意制造社会矛盾，不能歧视某类人群，更不能诋毁某些职业。

比如《我敢说，30岁以上还没结婚的女人，心理上多少都有些问题》，这种一竿子打翻一船人的标题，明显在逻辑上不能自洽。利用少数个别现象去总结概括社会人群是一种极为不可取的做法，同时也容易遭到网友的攻击和谩骂。

颠覆认知类标题

如果一个标题是没有争议、十分正确的，如同"1+1=2"一样无可辩驳，那么它注定是一个失败的标题。相反，如果一个标题颠覆了大部分人的认知，那么这篇文章就已经成功了一半。

比如《如何管理你的老板》。

在大部分人的认知里,老板是企业的管理者,员工是具体工作的执行者。员工怎么能够管理老板、影响老板的决策呢?

所以,看到这个标题时,读者下意识地会想点进去看看,看有什么方法可以把管理从自上而下变成自下而上,是否真的有一种方法能够影响老板的决策。

再比如《秦桧政治野望:做奸臣非我所愿而是迫不得已》。

秦桧是害死抗金英雄岳飞的大反派,这在大部分中国人的眼里是板上钉钉的事情。冒着给奸臣洗白的风险,创作这样一篇历史类文章,注定是能赚足眼球的,但作者也一定要有扎实的历史类文章写作功底,有一套能够自洽且能说服他人的技巧,这样才能让读者看完之后长叹一声:每一个奸臣或贪官在刚开始进入体制的时候,也都是有着一颗积极向上之心的。

创作属于你的好标题

从以上的几种标题中,我们不难看出,所有吸引人的好标题大都有着共同的特征,即他们要么是跟读者的切身利益相关,要么就是触动了读者的心理或情绪,要么就是以猎奇的颠覆式形象出现,从而吸引了读者挑剔的目光。

我们在创作标题的时候,同样要有用户思维,随时站在他人的角度思考问题。因为你的文章写出来是给别人看的,而不是为了取悦自己的。新媒体文章不是日记，它的服务对象是读者，所有的新媒体写作者要谨记这一点。

我在"简书"平台上看到很多写作者文采确实不错，但其文章标题净是一些类似作文一样的结构，比如《我的快乐暑假》《北方的大雪》《站台》，这种与读者无关的文章的标题，点击量必然很少。

谁会去关心一个不认识的人是如何过暑假的呢？处于注意力如此稀缺的信息流平台中，就像开头举的例子一样，如同在一个嘈杂的菜市场，所有人都在卖力地吆喝着自己的产品，而你却守着一大堆新鲜的蔬菜，弱弱地说了一个字：菜。

敏锐的洞察力

取好标题需要对用户及整个舆论环境有着敏锐的洞察力，要随时提醒自己：我是一个新媒体写作者。

在看到一个标题，情不自禁地点进去看的时候，先暂停一下，问问自己：等一等，我为什么要看这篇文章？这个标题如何吸引了我？

在看完整篇文章之后，还要问问自己：如果是我来写这篇文章的标题，应该怎么写会更好？

你甚至可以打开自己的浏览记录，看看自己特别容易被哪一种标题吸引，把自己放在一个读者的角度来看，这些标题还有没有优化的空间？

学习和模仿

很多技艺是可以通过学习和模仿来逐渐精进的。无论是木匠、砖瓦工、画师还是运动员，和众多的手艺人一样，要想使专业领域里的技能获得提高，通过模仿来学习都是成本最低、效果最好的捷径。

打开你喜欢的作者的文章列表，或者公众平台，找出那些数据上超过10万+的爆款文章，把它们的标题抄录下来，一个一个地进行学习理解，找到其核心亮点，然后用自己的语言再次组织和创作。每天练习20个标题，让创作标题这件事成为一种肌肉记忆，最终达到信手拈来的程度。

学会分析数据

在这个大数据时代，数据反馈的结果无疑是精准的、可供参考的，也是我们对照之后持续优化自己的利器。

我们可以通过文章的展现量、点击量、评论数、点赞数、转发数等各项数据来综合分析自己的文章到底哪里做得很好，哪里还需要改进。

举个例子，我有一篇文章《"别麻烦他们了"：每个不孝儿女的背后，都有一对怕麻烦的父母》。这篇文章的展现量是39万，阅读量是15.3万，点赞数是421，评论数只有31个。我们通过后台的这些数据可以分析，39%的打开率（即阅读量与展现量的比值，打开率越高说明粉丝黏性越强）其实已经非常不错了（微信公众号文章的平均打开率为8%～12%），这证明标题是没有问题的。这种颠覆认知、引发争议的标题起到了很好的"吸睛"作用，但是点赞数和评论数较少，经过文章排查后，我发现问题出在了文章的结尾部分。

面对如此有争议的话题，我在结尾时没有进一步把观点深化，没有推高文章的核心观点，进一步引发争议，导致出现头重脚轻的错误，这是互动量和阅读量形成强烈反差的主要原因。

还有一点原因也是非常重要的，就是我写文章喜欢一气呵成，不爱改稿。

那么我们来练习一下，假如一篇文章的展现量是 10 万，阅读量只有 1000，点赞数和评论数居然有 300 左右，那说明什么问题呢？

很明显，1000 的阅读量有近三分之一的读者进行了互动，那么说明文章的内容是没有问题的。反观 10 万的展现量只有百分之一的人点击阅读，说明这篇文章最大的问题就是文章标题太失败了。

通过这样的数据分析，我们很容易找到自己的弱点和错误发生的位置，从而行动起来，哪里弱补哪里，哪里错改哪里，这对我们以后的写作能够起到非常重要的修正作用。

现在各大平台针对我们创作的文章都有数据分析的工具，我们要善用读者和平台的数据反馈，善于分析问题、发现问题、打磨和修正问题，从而为我们写作的日益精进提供源源不断的动力。

为了节约大家的时间，下面列举一些各类型的标题，供大家参考研习。

问答类：

《如何在星巴克优雅地"装逼"》

《如何获得婆婆的崇拜》

《如何成为一个情绪稳定的成年人》

悬念类：

《打败婚姻的从来都不是生活，而是……》

《拉开学生之间差距的，不是智商，而是……》

《当我们老了以后，人生最大的悲哀是……》

《人到中年，遭遇裁员：这个世界和我们想的不一样》

观点类：

《带有这5种特质的孩子，未来最有出息》

《这，才是离异女人最好的结局》

《为什么爱情总会变淡？这是我听过最扎心的答案》

《人生在世，这三种朋友，最值得深交》

《这个世界最需要岗前培训的职业，是父母》

《教育最大的悲哀：付出了全部，却养不出懂得感恩的孩子》

节点类：

《2020，致自己》

《再见，2021》

《2021，请对我们好一点》

《春分：万物生长，未来可期》

金句类：

《人生不必纠结，放下自有晴天》

《少说话，多做事，关键时刻要冲刺》

《生活智慧：察人之过，不扬于众；觉人之诈，不愤于言》

时事类：

《漠河舞厅火爆之后，当事人发声：再刷就变味了》

《华为一夜裁员7000名，别在最好的年纪，活得太安逸》

情感类：

《婆媳关系再好，也别碰这三个禁忌，否则后悔一辈子》

《电视剧〈都挺好〉告诉我们的30条细思极恐的人生道理》

《16条情绪公式，谈谈如何控制自己的情绪》

《最快实现人生逆袭的五个字：早、冥、读、写、跑》

《在生活的压力下，如果你熬不下去了，请看看他们》

人物类：

《刘德华红了38年：三观正，才是一个人最大的运气》

《金庸先生逝世：人生就是大闹一场，悄然离去》

《参加8届奥运会，46岁的她最后一跳看哭了无数人》

《董明珠的接班人火了，这个20岁的小姑娘凭的是什么》

《李子柒粉丝破千万：如果事与愿违，请相信另有安排》

写出过目不忘的金句

金句是新媒体写作中极为重要的一种表达方式，它是对某个观点的高度概括和总结，不仅能让人瞬间理解作者想要表达的东西，还朗朗上口且耐人寻味。

在新媒体文章中，金句就像万金油一样好用，它几乎可以出现在文章的任何位置。如果我们不知道如何下笔，那么开头抛出一个金句，就能够对整篇文章起到奠定基调的作用。

比如，我们在写一篇关于家庭和婚姻的观点类文章时，开头引用了《安娜·卡列尼娜》中那个著名的金句：幸福的家庭都是相同的，不幸的家庭却各有各的不同。如此一来，就能够顺着这句话切入我们想要描述的故事或话题。

再者，在文中表达一套完整的观点或事件之后，为了更有说服力或起到一槌定音的作用，也可以在段落后加上金句，用来笃定我们的观点。

比如：

> 如果有兴趣，你可以到"985""211"这样的高校里去看一看，无论是教室还是食堂，无论是图书馆还是过道走廊，多的是每天都在渴望用知识充实自我的学生。
>
> 网上有人说，这是高校内卷，我特别喜欢有个网友的评论，他说："为中华之崛起而卷，有什么问题？"
>
> 反观之前曾经看过的一条在普通职校拍摄的短视频，课堂上，只有讲台上的女老师在讲课，台下的学生睡倒了一片，就连拍摄者都看不下去了，他说："感觉老师是在自言自语，莫名心酸。"
>
> 学校里总是不乏每天浑浑噩噩混日子的学生。他们上课聊天玩手机，下课打游戏刷视频，却从不思考自己未来的出路在哪里，还美其名曰"躺平"。
>
> **殊不知，躺平才是对年轻人最大的骗局。**
>
> **对于普通人而言，读书才是最具性价比的向上通道。**

在这部分范例文字中，加黑的三句话都可以当作金句来看待，它们在段落中起到了总结、归纳、提炼观点的作用。在一段事例描写之后，用简短的语言对其进行概括，可以让读者一目了然地明白作者的观点。

此外，金句还有一个极为重要的作用，那就是充当读者转发时的文案。

很多读者会因为对某篇文章产生了情感共鸣、观点认同而进行转发，转发的同时大都要配上一段自身感想的文案，金句的额外作用就是：瞧，我把转发文案都为你准备好了。

就拿上面的案例来说，如果读者想要转发，直接复制那一句"为中华之崛起而卷，有什么问题"，或者把"躺平才是对年轻人最大的骗局"作为转发文案，既方便又贴切，还能展示读者想要表达的核心观点，岂非两全其美。

有时候，一篇文章会因为一个金句而爆火，甚至成为网络流行语。在这个信息极度繁茂的社会中，谁能用精确的、贴切的、简短的句子击中人心，谁就势必会得到网络热潮的追捧和拥戴。

那么，金句在新媒体文章中如此重要，我们应该如何创作属于自己的金句呢？

利用数字反差

人们天生对数字极其敏感，我们可以利用这一点，把抽象的、有距离感的概念转为具体的数字，让金句变得更直观、更震撼。

我们来看下面的两个句子：

A. "9·11"事件过后，美国进行了20多年的报复，造成了无数人家破人亡。

B. "9·11"事件中，美国丧生了9000人；十年后，美国在阿富汗杀死了180 000人。

相对而言，B句非常直观地表达了美国在复仇行动中造成了20倍以上的破坏力，因为数字的强烈对比会让读者感到更为震撼。又比如：

A：北上广的那些高薪白领，其实并没有表面上那么光鲜亮丽。

B：在中关村，12 000名月薪3万的白领，争夺80个卫生间。

在A句中，我们把"北上广"的大范围改成具体的地点；把"那些高薪白领"改为具体的数字；把"没有表面上那么光鲜亮丽"直接改为"争夺80个卫生间"，改后则为B句。B句以点带面地突出了高薪白领背后的真实状况，让人印象深刻。再比如：

A：在我国，大部分人多多少少都有些心理疾病，但心理咨询师的数量却极少。

B：在我国，每10个人当中就有2个人急需心理疏导，而每10万人仅对应1名心理咨询师。

当然，以上例子中的数字仅作举例之用，可能并非真实情况，我们在实际创作过程中要注意核查数据的真实性。

利用对比反差

对比反差指的是两种类似的事件引发两种截然不同的结果所形成的强烈反差，用以说明一个耐人寻味的道理。

常见一句俗话：只许州官放火，不许百姓点灯。这就是一种典型的双重对比反差。

百姓只是做了一件极其微小的事情，却被认为能引起极其严重的后果，州官做了极大的违法动作，却能被法律容忍。这种反差感能够为读者带来现实错位感和荒谬感，在让人记忆深刻的同时还能引发思考和热议。

比如：

有人欠款 5 万元走上绝路，有人欠款几十亿依然被人顶礼膜拜。

大家都是谈恋爱，别人走进了婚姻的殿堂，你却走进了法院。

你投资千万的电影无人问津，人家几百块的短视频风靡网络。

像这样的对比反差类的金句，能够用短短的二十几个字，通过两种截然不同的结果，展现一种社会现象或道理，非常适合作为引导和总结性文字放在文章中某个具体事件案例的开头或结尾处。

经常阅读新媒体文章的读者也许早就发现，在很多文章中，时常会出现加粗的短句，而这样的句子就是作者刻意打造的金句。它在潜移默化中说服了读者，向读者传达了一种令人信服的观点和思想结论，并且看起来笃定且合理。

利用排比递进

用结构对称而相似的句子，逐句加入事实，使得感情逐步强烈，力量层层递进。

和简单的排比不同，排比递进更强调"递进"的力量，使得每一句都比上一句所抒发的情感更强烈，爆发力更强，表达的内容更宏观。

例如：

> 这不仅是一个男人的遗书，也是所有失业者的悲鸣，更是整个中年群体在社会重压下的呐喊。

这个例句则为三个层次的递进，从"一个男人的遗书"到"失业者的悲鸣"，最后上升到"中年群体的呐喊"。从人数上来看，是越来越趋向于更广泛的群体；从表达的情感上来看，从个体悲剧逐步上升到了社会群体现象，是一个较为典型的排比递进式金句。又如：

> 贫穷落魄时，照顾好自己。富裕顺遂时，多帮助他人。权力在手时，多造福于民。

这个例句描述了不同人生阶段的价值取向，同样在层层递进的过程中告诉读者如何正确释放自己的能量，在不同的人生场景下做出不同的人生抉择。

巧用经典语句

在人类文明的历史长河中，无数先贤大家在浩瀚如烟的文字宝库中已经为我们留下了极为丰富的遗产。那些诗歌、名著、歌剧、电影中有着数不清的经典语句，我们只需要站在巨人的肩膀上，把那些脍炙人口的经典语句进行二次创作，使其变为符合我们时代语境和价值观的句子，同样也可以打造一个新的金句，使其穿越漫长的岁月重新在这个时代焕发光彩。

例如，名著《哈姆雷特》中有一个经典金句：即使我被关在果壳之中，仍然自以为是无限空间之王。

一篇描写互联网创业者从打磨项目到找天使投资，在几个核心成员不同的理念下公司最终土崩瓦解的文章中，作者最后引用了一句和上述金句类似的话。

对于互联网创业狂徒而言，即使被资本抛弃如弃儿，仍然自以为是下个风口的宠儿。

名著《阴谋与爱情》中有个名句：强迫经常使热恋的人更加贴心，而从来不能叫他们回心转意。

用在一篇描写新时代职场爱情的稿件中，这个金句稍加改动后也能变得十分生动贴切。

公司不准许谈恋爱的制度只能让热恋的人更加小心翼翼，而从来不能阻止爱情的野蛮生长。

此外，在那些脍炙人口的歌词里，同样能够发现很多金句的雏形，我们只需要将其稍做改动，就能得到和自己的文章内容贴切的金句，为文章增光添彩。

歌手大壮的作品《差一步》中有一句歌词：差一步美满就牵着手走散，差一步掉进深渊无法生还。

同样在撰写职场竞争类文章的时候，可以在结尾处将这句歌词改为：

差一步丢了饭碗，连公司都要解散，差一步掉进犯罪的深渊，逃税者无处生还。

总之，在自己的文笔功力还不够深厚的情况下，找到那些已经深入人心的经典名句、名人名言、歌词诗句、民间俗语进行二次创作，使其和自己的文章观点无限贴合，是较为省时省力的金句创作方式。

当然，我们不能永远停留在原地，不能永远踩在巨人的肩膀上，总要依靠自己的努力站起来，创造真正属于自己的金句。

巧用概念重构

概念重构是指把一个原本存在的词语概念进行拆分解构，赋予它另外一种解读后的新含义。

汉字博大精深，不仅有多音字，还有多义词，有些词汇往往有着不同的解读方式。我们可以利用这一点，将原本大家熟悉的词和概念进行拆解，赋予它们更具创新性的含义，这样创作出的金句会让人感到十分新奇，从而留下深刻印象。比如：

> 职场，不仅是职业技能的用武之地，更是智商和情商的竞技场。
>
> 科技的真正含义，是利用科学技术为人类谋福祉，而非敛财工具，更不能作为战争的帮凶。
>
> 经典，是"经"得起时间磨砺的典籍，而非一时声名鹊起，转眼成为浮云的网络热词。

就这样把一个词语和概念拆分后赋予别样意义或重新诠释的方式，可以创作属于自己的全新金句。新媒体创作者可以在平时多加练习，以在进行文章创作时能够信手拈来，为自己的观点服务。

押韵金句创作

押韵也叫压韵，能使文字的音韵优美，朗朗上口且易于记忆。这是古人在诗词创作中常用的手法。比如：

> 老夫聊发少年狂，左牵黄，右擎苍，锦帽貂裘，千骑卷平冈。
> 为报倾城随太守，亲射虎，看孙郎。
> 酒酣胸胆尚开张，鬓微霜，又何妨！持节云中，何日遣冯唐？
> 会挽雕弓如满月，西北望，射天狼。
>
> ——（宋）苏轼，《江城子·密州出猎》

其中，狂、黄、苍、冈、郎、张、霜、妨、唐、狼等就是互相押韵的文字。

即便是到了现代，押韵的魅力依旧散发着独特的光芒，更是说唱歌手创作歌词时的必修课。

由于独特的相似的韵脚能够让句子变得更上口、更易记，因此我们在新媒体文章中创造金句时，也时常用到押韵的手法。比如：

> 生孩子之前我每天随便浪，生孩子之后我每天像打仗。
> 养育孩子花光了所有的爱，却被孩子讽刺"丑八怪"。
> 别在深夜时对人掏心掏肺，别在疲累时对现实下跪。
> 就算我是周星驰，也会有伤心往事。

这样的金句不仅自带"发音"功能，还能成为读者转发时绝好的配图文案，同样具有持续爆发热度的潜力。更难能可贵的是，押韵金句的创作方法较为简单，相对更省时也更便捷，就像在写文章时突然抖出的机灵，往往能够起到意想不到的增色作用。

文章中段的逻辑与结构

无论是读文章、听演讲，还是平时与人聊天交流，人们在接收信息时天生排斥凌乱的、无结构、无逻辑的信息，这不仅包括画面、声音，同样也包含文字。

我们在听演讲时，首先想知道的是这个演讲的主题思想是什么。是关于人类对未来环境的影响？还是围绕元宇宙概念展开的解读？

有了主题以后，我们希望听到演讲嘉宾有次序、有结构、有逻辑、有递进地逐项阐述自己的观点，让我们通过演讲清晰明了地明白他的观点、逻辑和结论。

这是因为人类天生喜欢秩序感，有条理的叙述是解释复杂观念最简单的一种方式，任何太过复杂而凌乱的东西都会引起人们的反感和逃避。写新媒体文章同样如此，我们要竭尽所能降低读者的理解成本，无论多复杂的观点，都需要将其分解成几个简单的段落，然后尽可能直截了当、浅显易懂地传达给读者。

所以，新媒体文章中的逻辑结构就显得非常重要。

在创作新媒体文章之前先确定好文章逻辑结构，就相当于一个小说家创作小说前写好故事大纲,也相当于一栋建筑有了整体的框架结构。有了清晰的文章结构,我们在创作时论点就不容易偏移,不至于写着写着就从一件事聊到了另一件事,从一个观点转移到与主题无关的另一个观点上。

在新媒体文章中,着重观点输出的文章和着重叙述的记叙类文章都有类似的逻辑结构,只不过它们的结构会有一些差别。

观点文的逻辑结构

(1)总分总结构。

这是我们最熟悉的一种结构方式,在学生时代,我们的课本中时常会讲到这种简单的文章结构。

总分总结构就是开头抛出文章的主要核心观点,中段用并列式的结构分别对文章观点进行逐项阐述,最后以总结的方式再次突出文章观点。例如,《为什么读书是普通孩子最快的上升通道》这篇文章就采用了这种结构。

开头:

> 最近,网络上有一篇文章非常火爆,内容围绕着"当今社会,为何寒门再难出贵子"展开,逻辑分明地讲述了目前教育资源的稀缺与昂贵。经济条件好的家庭的孩子和普通家庭的孩子虽然上的是同一所小学,但经济条件好的家庭可以让孩子读好的补习班、请好的家庭教师,甚至能够影响老师对孩子的态度,二者从教育资源分配上已经拉开了一大段距离。这种差距

就像滚雪球一样，能够迅速把孩子之间的距离拉开。

但是，如果真的是这样，我们普通家庭的孩子该怎么才能和那些家庭条件好的孩子们重回同一起跑线呢？普通家庭的孩子是不是就不用读书了？

其实，综合来看，读书仍是普通家庭的孩子最快捷的上升通道。

中段并列式例证：

1. 国家同样也注意到了教育资源分配不均衡、课外辅导严重内卷化的问题，并做出了相关调整。

2. 引用某大学食堂内展现出的良好的学习氛围，和某职校内课堂上学生睡觉的具体事例进行对比，说明读书这件事最大的因素仍是学生自己，会读书、愿意读书的孩子会利用一切资源读书，而不会读书、不愿读书的孩子会浪费掉手边的现成教育资源。

3. 故事切入，引用从小长大的两个好朋友，一个学习成绩优异进入了高等学府，另一个早早进入社会，用两人多年后的境遇差别诠释读书的重要性。

结尾：

总结上述例证，突出文章核心观点：不论何时，读书总是普通孩子上升最快的通道，不能因为客观原因而放弃。勉励家长和学生不要放松学习，要积极上进。

整体来看，以上文章就是典型的总分总观点文写作案例，值得注意的是，在文章中段采用的并列式结构中，三段例证分别使用了引用国家政策、真实案例对比、故事切入三种不同的方式，在使人感觉结构稳固的同时，更增加了文章的可读性和可信度。

当然，有些观点文可能需要两个不同的分论点来作为支撑，两个分论点下面分别会有不同的论据，必要的时候，可以画一个简单的思维导图（见图4-1），以免在写作的过程中不小心把自己绕糊涂了。如果创作者对文章的结构没有清晰的思路，读者就更会觉得整篇文章东拉西扯、不知所云，这样的文章无疑是报废了的作品。

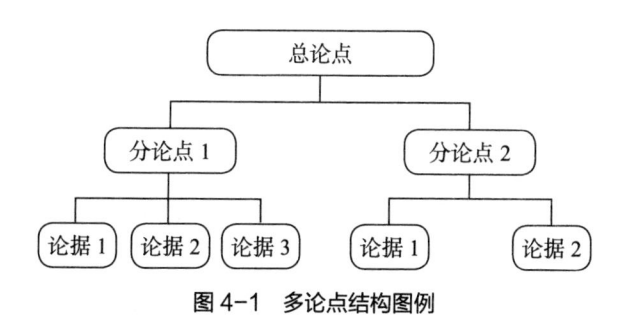

图 4-1　多论点结构图例

（2）递进式结构。

我们可以把递进式结构想象成剥洋葱，一层一层地剥开，一层比一层更有力量，一层比一层更有情绪。总体来看，这种递进式的结构是一种逐步上升、逐步加重、逐步升华的动态结构，是一种以守为攻的说服术。例如，《请不要嘲笑开国产车的朋友》这篇文章就采用了递进式结构。

第一层：以退为进。

回顾国产汽车工业的艰难崛起，承认国产车在做工和性能甚至是在外观方面，曾经被合资车全面碾压。

第二层：事件转折。

我们欣喜地看到，国产汽车工业的崛起，在双离合领域的弯道超车，做工和性能乃至外观现在可以和合资车分庭抗礼，甚至有些突出车型全面超越了合资车。

第三层：实例对比。

用领克系列车型对标本田高端系列，从配置、动力、舒适度、外观、价格五个方面进行对比，用全面领先的结果说话。

第四层：情感升华。

当然，即便国产车做得再好，毕竟买车是一个人的情感选择，你可以忽略国产车的努力和进步，可以坚持选择和购买合资车，但是，请不要嘲笑开国产车的朋友，因为他们很可能不是买不起合资车，而是心中始终对国产汽车工业有一份不计回报的支持和热爱。

递进式结构在观点文、带货文中十分常见，逐步推进、逐层吐露的方式也更能打动人心。不过需要注意的是，我们在用递进式结构创作的时候，同时也需要调动情感，把观点和情感同步推进，只递进观点显得干涩，只递进情感则略显牵强，两者同步才能爆发出 1+1＞2 的神奇效果。

（3）正反对比结构。

正反对比结构一般有两个正反案例或类似的镜像案例，通过对两者的对比来凸显文章的核心观点。

一般情况下，两个事例往往有截然不同的结果，或者两个截然不同的事件最终会殊途同归地拥有同一种结果。简单而言，要么是过程一样，结果不同；要么是结果一样，过程不同。这就要求事件中一定要存在一个变量来影响结果或过程。

我们可以按照这样的结构创作：开头放出总观点 + 反面例证 + 正面例证 + 如何解决问题 + 观点收尾（见图 4-2）。

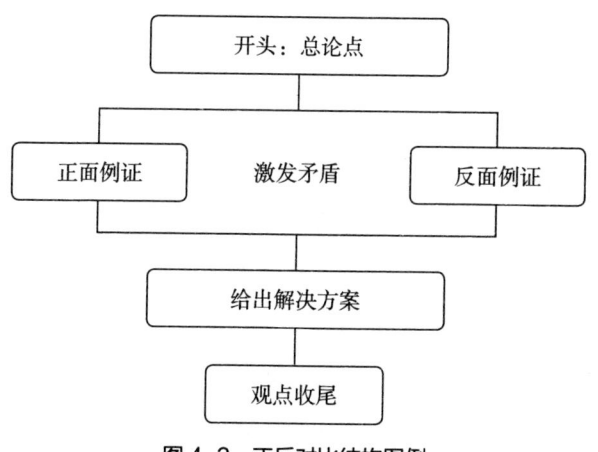

```
        ┌──────────────┐
        │  开头：总论点  │
        └──────────────┘
       ┌────────┴────────┐
  ┌────────┐  激发矛盾  ┌────────┐
  │ 正面例证 │          │ 反面例证 │
  └────────┘          └────────┘
       └────────┬────────┘
        ┌──────────────┐
        │  给出解决方案  │
        └──────────────┘
                │
        ┌──────────────┐
        │   观点收尾    │
        └──────────────┘
```

图 4-2　正反对比结构图例

例如，《40 岁遭遇职业倦怠期：硬抗伤身，跳槽伤钱，我该怎么办？》这篇文章就采用了正反对比结构。

开头：

抛出 40 岁左右职场人士的普遍痛点——职业倦怠期。这是一种突然感觉自己的工作毫无意义，做不下去，每天陷入焦虑的职场心理现象。

反面例证：

老黄在40岁时遭遇了职业倦怠期，感觉每天上班非常疲惫且没有干劲，看着公司的年轻人越来越内卷，自己感到非常焦虑，身体状况也逐渐堪忧。

为了改变，他选择更换一个行业从零开始，但随着新鲜感逐渐消退，他发现自己原先的技能完全用不上，并且薪水只有原先的一半。最后，他为自己冲动的选择感到非常悔恨。

正面例证：

老林同样在45岁时遭遇了职业倦怠情绪的来袭，但左右衡量之后，他决定给自己的工作额外增加一些附加值和意义。

在公司，他拥有的专业技能很强，经验丰富，这是他长期在同一个岗位中积累的宝贵财富。虽然在公司只能按部就班地工作，但他把自己的工作技能和经验制作成了视频并在B站上发布，帮助更多年轻人熟悉并热爱这个工作，受到了很多网友的支持和点赞。

随着播放量的逐渐增加，他除了为自己的工作争取到了新的意义以外，更收获了额外的财富。

如何解决问题：

1. 正确面对职业倦怠期的心理特征，为自己的工作赋予崭新的意义。

2.回顾自己在职业生涯中的高光时刻，将其制作成相册或纪念册，提醒自己多年的工作并非徒劳无意义的。

3.在职场中利用自己的经验和技能拓展人际关系，分享给更多的人或帮助公司新人成长，获得更多的尊重。

结尾：

职业倦怠期不仅是中年职场人士的拦路虎，同样也意味着一次新的机遇。莽撞地改行或跳槽都不是最优解决方案，只有为自己的工作找到新的机遇和激情，干了一辈子的工作才能焕发新的光彩。

上面的例文中，就采用了典型的正反对比结构。同一种境遇下，不同的人选择了截然不同的做法，从而出现了不同的结果。通过对比来夯实文章观点的正确性，结尾部分更是给出了如何正确解决问题的思路，是一种信息含量高、可操作性较强、很受读者欢迎的写作结构。

记叙文的逻辑结构

记叙文主要以叙述和描写为主，以人物的经历、事件的发展变化为导向，中间也会穿插一些议论和抒情内容，但整体占比不高。

本书中所提到的记叙文以新媒体文章中的故事、新闻事件、社会热点事件、人物等相关类型文体为主。

在新媒体文章中，记叙文最重要的目的是能够清晰明了地把完整的故事或事件呈现出来，并使读者有一定的阅读快感，因此结构不宜太过复杂，主要有顺序、倒叙和插叙三种写作结构。

（1）顺序结构。

顺序结构侧重于体现文章的故事性，一般按照故事或事件发生的时间顺序娓娓道来，逐渐将故事或事件展开。如果能够加入一定的起承转合自然更好，因为这样的文章结构会更有悬念，也更有吸引力。

我国的民间故事无论是文字版本还是口口相传地讲述，大都以顺序结构展开，这样做的好处就是阅读门槛低、理解成本低，当然缺点是开头大都以时间、地点、人物的普通模式展开，在开头吸引力方面会有所欠缺。比如，"三言二拍"中的《警世恒言》第一卷《两县令竞义婚孤女》是这样开头的：

> 话说近代浙江衢州府，有一人姓王名奉，哥哥姓王名春。兄弟各生一女，王春的女儿名唤琼英，王奉的叫作琼真。

类似这样的民间故事，开头就会把时间、地点、人物交代清楚，然后才按照事情因何而起，人物如何承接，事件如何转折，最后怎样结尾的方式进行。

顺序结构注重故事性，跟讲述民间故事的方法极为类似，只不过在语言组织和行文节奏上更为现代一些。

例如，《2010年，我离财富自由只有一个电话的距离》这篇文章就采用了顺序结构。

> 2010年夏天，我刚从一家做微信点餐系统的创业公司辞职，赋闲在家，无所事事，好在之前还有些积蓄，我也并不着急。

当时，远在深圳的发小马良给我打来一个电话，说有个前景不错的创业项目邀请我加盟。电话里，他直接承诺给我15%的技术股份，并且他的另外一个合伙人已经找到了天使投资人，首轮资金注入就高达4000万元。

我到现在还清楚地记得，接到这个电话时，我正坐在家里的阳台上一边喝茶一边看书，那是一本著名的科幻小说——《沙丘》。

我意识到，这可能是我生命中唯一一次能够让我实现财富自由的电话了。

这样的开头就是典型的顺序结构，开头同样是时间、地点、人物排序清晰，然后事件发生……不同的是新媒体文章的写法是，即便是普通的顺序开头，也会在其中设置一些引人好奇的悬念。比如，上文中，读者只看寥寥几句，就会感到好奇：这个项目到底靠不靠谱？作者到底有没有实现财富自由？

所以，即便是采用顺序开头，也要把设置悬念的技巧谨记在心。新媒体文章最大的特征就是要想尽一切办法让读者读下去，最好能够顺畅地读完，无论是什么样的文章结构，都必须以此为前提。

（2）倒叙结构。

倒叙结构和顺序结构相反，一开始就从事件的结局写起，自然就没有什么故事悬念可言了，毕竟结局读者已经知晓了。因此，这种文章结构更侧重的是事件本身对我们的启发是什么，更偏向价值观和理念的输出，这种文章可以看作一种披着记叙文外衣的观点文。

我们还以这篇《2010年，我离财务自由只有一个电话的距离》为例，如果用倒叙结构来写，应该是这样的：

> 给投资人老林打电话之前，我几乎彻夜难眠地做了一宿的心理建设，但这个电话远比我想象得更短。
>
> 在听完我对公司几个主要负责人之间的矛盾叙述和数据作假等一系列汇报之后，老林沉默了几秒，说了一声知道了，随即就挂断了电话。
>
> 当时他有没有说谢谢，我已经记不清了，只记得第二天财务就飞回了北京，公司也宣布给员工放了长达20天的带薪假。当所有人欢呼着离开公司之后，那座位于深圳福田区一栋著名的创业大楼的大门，就再也没有开过。
>
> 而我财富自由的梦想，也因为这通电话彻底化为泡影。

倒叙虽然是从结局开始讲述故事或事件，但同样具备一定的悬念效果，如上面例文中的开头会引发悬念：作者为什么会打这通电话？他难道不想赚钱吗？公司内部到底出了什么问题会让作者宁可放弃财富自由也要向投资人告密？

当然，回答读者关心的这些问题并不是这篇倒叙结构文章的主要目的，其目的是要通过这个故事来揭露互联网创业中那些站在风口上的疯狂创业者被利益驱使做出的疯狂的事。引发关于人性和金钱之间博弈话题的讨论，才是这篇文章的核心目的。

（3）插叙结构。

顺序结构侧重的是故事，倒叙结构侧重的是观点，插叙结构则侧重人物本身。

从人物本身一个关键节点开始写起，会让人物形象在文章中变得更加丰满且有血有肉。你如果经常阅读人物传记类、采访类稿件或观看人物纪录片的话，就一定会理解为什么插叙结构会有这样的效果。

原因大致是，影响一个人物（无论是大人物还是市井小人物）一生境遇的时刻其实也就那么几个而已，一次择校，一次择偶，或者一个人生重大决定时刻的选择，人在面临选择的时候才最能凸显人物性格。

我们依旧用《2010年，我离财务自由只有一个电话的距离》这篇文章作为案例，看看如果用插叙结构来写开头是什么样的感觉。

> 马良从传销组织里脱身以后，坐了两天一夜的火车来四川投奔我，确切地说，他是站了两天一夜。
>
> 从火车上跳下来的一瞬间，除了绿皮火车上那股特有的酸臭味外，他浮肿的双腿更让我印象深刻。
>
> 当天晚上，我趁他在天台上泡脚的时候问道，以后是不是哪儿也不想去了，还是家乡比较好吧？
>
> 他却一脸诧异地看着我："那怎么可能？"
>
> 我说："难不成你还要折腾？"
>
> 他望着远方灯火通明的城市，抽了口烟："当然了，我一定要回去，把我损失的钱千百倍地赚回来，只不过，我要换一种更聪明的方式了。"
>
> 我看着他黢黑消瘦的脸，胡子拉碴，面容枯槁，只有眼睛

在黑夜里闪烁着精光,后来我才知道那是他对金钱的渴望。

在整个事件的中途,以人物非常有代表性的一幕开始叙述,这是插叙结构的惯用手法。开头塑造的人物及事件,一定对整个故事起决定性的作用,甚至是不可缺失的一环。

可以想象,开头使用插叙是为了塑造人物角色,而人物是推动整个事件发展的重要动力来源,也是主导事件发展和结果的主因,插叙的意义就在于此。

总体来看,新媒体文章的结构是为读者服务的一种手段,为的是让读者能够流畅地阅读和理解文章的观点和情节。至于什么样的文章使用什么样的结构,则要视内容而定,完全取决于作者想要通过文章来表达什么样的观点和内容。

让人无法离开的开头

古时候,人们把文章的开头称作"凤头",这其实是对文章的一种高标准要求,要求文章开头就要新奇而华丽,能够让人驻足观赏、啧啧称奇。

如今,在新媒体时代,碎片化的阅读场景、随机化的阅读时间、注意力的极度缺失使得大众对新媒体文章的要求变得更高。如果一篇文章的开头没能留住读者,那接下来的中间部分无论再怎么妙笔生花,也可能只有创作者孤芳自赏,因为读者早已关闭了阅读窗口,转而投入其他文章的怀抱了。

如今的读者能够点击阅读我们的文章，大部分是被标题吸引了。也就是说，标题中包含了部分对读者具有一定吸引力的元素和关键词，就像你拉住一个陌生人，告诉他：嘿，哥们儿，占用你五分钟时间，我来告诉你一个关于你老板的秘密。

当你用标题成功吸引读者点击阅读，就相当于这个人停了下来，愿意花一分钟时间听听你到底要说什么。

接下来，你要说的前几句话就是文章的开头，也就是你要告诉路边陌生人的他老板的秘密。

如果你开口说："你知道吗？你老板昨天又买了一辆新路虎。"他可能会转身离开，因为这对他没有吸引力，而且他隐隐还有些不爽的感觉，心想老板买新车关我什么事！但如果你开口说的是："你知道吗？你的老板昨天开着新买的路虎，在昌盛路上撞死了一个人。"这人肯定会瞪大眼睛，不禁问道："这是真的吗？"

此时你已经成功地吸引了他的注意力，然后可以示意他坐在路边的长椅上，说："当然是真的，你坐下，我慢慢给你讲讲当时的情况有多惨烈。"

这样一来，他大概率会坐下，听你绘声绘色地讲上 10 分钟，即便你刚开始承诺的是五分钟，超时一点也没关系，因为他已经完全被你吸引住了。

实际上，你坐在这里跟他讲一个车祸引发的惨案，并不是出于无聊或想在大街上锻炼口才，而是想通过这个故事推销给他一份价格低而保障高的意外险。

想象一下，如果没有一个好的开头，这个陌生人会停下来听你唠叨10分钟吗？

这就是好开头的重要性。在新媒体文章中，无论是观点文、带货文、情感文，还是故事文，都需要一个好开头来把读者按在凳子上，好让他在接下来的10分钟里沉浸在你制造的文字幻境中，不知不觉地接纳你的观点和故事。

开头制造冲突

如果你创作的是故事，那就把人物之间最激烈的矛盾冲突和情感爆发场景放在最前面；如果你创作的是热点事件新闻或其他社会类新闻，那就把最戏剧化的场景放在开头。总之，要先吸引读者的注意力，引发他们的好奇心，接下来再娓娓道来。例如：

> 陈震东看着眼前拎着椅子暴怒的年轻人，很难想象这就是15年前曾经骑在自己脖子上那个呆萌可爱的儿子。
>
> 到底是从什么时候开始，这个曾经连杀鱼都不敢看的小孩，拥有了敢拿椅子砸父亲的勇气？
>
> 儿子到底还是没有给他思考问题的时间，一声巨响过后，陈震东倒在了地上。

以故事中的激烈矛盾冲突开头，能够自然产生故事悬念：父子之间为什么会爆发这样的冲突？主人公还活着吗？到底是谁的错？等等。

这些悬念会引领读者继续阅读，直到了解完整的事件经过，得出一个符合个人价值观的对错判断和观点。

直觉常识

违反常理的事情也会引发读者的关注和好奇。当某件事太过离奇，和读者日常生活中的常识或社会公序良俗相悖，读者自然会带着一种审视、猎奇的心态去一探究竟。例如：

> 在我所有的朋友里，要论混得最好的，肯定是老陈。
>
> 这家伙最辉煌的时候手底下员工接近4000人，在城里有六套房产。
>
> 但要说这几年家里最糟心、生活最不顺的，也是老陈。
>
> 两个月之前，老陈被自己的儿子一板凳砸到了脑袋，在医院昏迷了一个多月，才捡回了一条命。
>
> 现在儿子蹲了监狱，自己成了偏瘫老人。
>
> 前几天我去看望老陈，他原先魁梧的身子瘦得只剩一把骨头。尽管说话还不利索，他还是一直哆嗦着念叨：哎，都是我自己造的孽啊！

为什么老陈的儿子把他打成了这样？为什么那般优渥的家庭会发生如此悲剧？老陈在子女教育问题上到底犯了哪些错误？

简短的开头会使读者，尤其是家里有孩子的读者，产生许多疑问。他们对这些问题格外关注，自然会接着看下去，试图在文中找到问题的答案。

提前交底

提前交底就是先把最终的结局公布了,然后再来解释为什么会发生这样的事情。

就像很多悬疑小说,一开始就告诉读者凶手是谁,再从警方或侦探的视角逐步去破解案情,在此过程中解释这个凶手为什么要杀人。

这种提前交底的开头写法在小说创作中十分常见,最著名的就是《百年孤独》的开头:

> 许多年之后,面对行刑队,奥雷良诺·布恩迪亚上校将会想起,他父亲带他去见识冰块的那个下午。

据说,加西亚·马尔克斯当年创作这个开头用了很长的时间,开头包含了过去、现在、未来三种时空要素以及死亡和家族兴衰等巨大命题。

当然,新媒体文章大可不必如此深沉,只要能将戏剧化的结局提前展示,就已经能够产生一定的飞轮效应,使读者对产生结局的过程感到好奇了。例如:

> 戴国新最辉煌的那几年,带领着自己的球队一路从乙级联赛打到了甲级联赛,以摧枯拉朽的势头获得了亚洲杯的总冠军。
>
> 那场胜利后的欢呼声似乎还在耳边萦绕,可转眼间,一个每天准时走进球场的铁血教练,如今却走进了菜市场。

两句话,两种截然不同的境遇,两个云泥之别的场景,从冠军教练到落寞老人，从绿茵球场到菜市场，强烈的反差无形中架起了一个巨大的悬念，使得读者对主人公的命运转折过程产生了强烈的好奇心。

直击痛点

每个人都有自己最关心的事情、最焦虑的事情、最亟待解决的问题，这些都是读者用户群体最显而易见的痛点。这些个人痛点可以通过性别、人群、职业汇聚成一个群体的痛点。如果我们敏感地发现这些痛点，并且在文章一开始就戳中它们，那么接下来读者就会像被磁铁吸住的图钉一样，紧紧地围绕在你的文章周围。

值得庆幸的是，痛点是会随着人的身份、处境、年龄不断变化的。也就是说，年轻人有年轻人的痛点，中年人有中年人的痛点。这些几乎要伴随人类一生的麻烦、焦虑、担心和在意，都将成为新媒体文章创作者的创作源泉，也是我们用文字疗愈他人的意义所在。

比如，小翠是个刚刚进入职场的大学生，而她的直属领导是个年近50岁的中年人，最使她感到焦虑的是，如何能够在实习期获得领导的认可，顺利转为正式员工。

那么，试想一下，正好你创作了一篇名为《别让年龄成为晋升的距离：职场新人如何跨代沟与领导沟通》的文章，首先在标题上，你的关键词和她的痛点完美契合，她大概率会像抓到救命稻草一样点击进来看看。

此时我们还需要用强劲的开头直击她的痛点，让她觉得我们的每一句话都说在了她的心坎上。开头可以这样写：

最近，我的朋友小玥跟我吐槽，说她在单位快要崩溃了。

我感到很诧异，小玥费尽千辛万苦考上了公务员，刚到市委宣传部工作才三个月不到，怎么这么快就受不了了？

"你是不知道啊，我们那个部门几乎都是40岁以上的公务员，沟通起来真的很困难。"

"他们好像天生就不喜欢我这样的年轻人。"

"我感觉自己做什么都不对。"

"更可怕的是，他们居然开始给我安排相亲了。"

"我简直待不下去了，可是这个工作来之不易，我又不愿放弃……"

我劝慰了几句之后，告诉她，工作肯定是不能放弃的，年龄上产生的代沟也确实存在，这就需要你主动地去改变，消除这种隔阂，顺利融入其中。

你不妨试试以下三个方法。

开头以朋友之间聊天的语气精准命中拥有此类痛点的读者群体。他们看到，文中小玥的吐槽每一句都是自己想说的，每个现实难题都是自己正在面对的。产生这种情感共鸣之后，创作者还贴心地给出了三条锦囊妙计作为解决方案，读者很难不被这种文章吸引。

金句先行，开门见山

如果你实在想不出带那么多门道的开头，那么用一句凝练的金句概括自己的主题观点，然后开门见山地表达，效果也不错。

这种方式虽然看起来简单粗暴，但正好迎合了那些对文字表述没有太多需求，就想直截了当明白你到底要说什么的读者。

这类读者不喜欢过多的修饰技巧，不喜欢太过华丽的语言组织，性子比较急躁，你似乎都能听到他们内心的声音：别绕弯子，你就告诉我，到底要表达什么？

针对这种情况，我们可以这样写开头：

例文 1：

　　正义也许会迟到，但永远也不会缺席，所有的罪恶最终一定会迎来审判。

　　别不信，二十年前，四川一个小县城里发生了一起极为血腥的灭门惨案，在信息极为闭塞的年代竟然轰动了全省。

　　可谁也没有想到，省公安厅在部署了精兵强将全力调查三个月之后，竟然一无所获。

　　而此时的凶手却早已逃到了贵州，摇身一变隐匿在了茫茫人海中，更令所有人大跌眼镜的是：十年后，凶手竟然拥有了百万身家，成了人人羡慕的农民企业家。

例文 2：

　　有些父母说：有的孩子是来报恩的，有的孩子则是来报仇的。

　　对于这句话，我向来嗤之以鼻，这种以结果为导向，忽略过程的判断向来为我所不齿。

　　我一直坚定地认为：所有的孩子都是来报恩的，只不过有些被父母养成了仇人。

当然,我不会跟你讲什么"人之初,性本善"这种老掉牙的道理。因为我是一个拥有十一年临床经验的儿童心理导师。

在我接触的3400多个家庭案例中,我能很肯定地说,没有一个孩子生下来就是来跟父母作对的,而讽刺的是,很多父母却一直在跟孩子作对。

说句难听的,是这些家长无意中站在了孩子的对立面,久而久之就培养出了仇人一样的孩子。

以上两个案例,就是那种简单粗暴型的写作风格:开篇丢一个金句或广为人知的观念,要么顺着这个观点按照自己的节奏写文章,要么对这个观点进行猛烈的抨击或反驳,开门见山,绝不拖泥带水。

在快节奏的新媒体屏读时代,这样的风格也收获了一大波喜欢快速阅读的读者。值得注意的是,这类文章需要有一个明确的站队观点,切忌和稀泥,哪怕被人反对,也要坚决站在自己认为正确的观念一边。

如果想迎合所有读者,文章一开始有自己的观点,写着写着又给对立的观点找理由和借口,试图拉拢对立面的粉丝,这样的做法最后就是一无所得,还落个没立场或墙头草的人设标签。

好结尾是下一个好开始

有个作家曾经说过:好的开头能让读者买下这本书,好的结尾能让读者买下你的下一本书。

在新媒体写作领域里，这句话同样适用。好的开头能够让读者认真读完你的文章，而好的结尾能够促使读者转发或关注你的其他文章，甚至由此成为你的忠实粉丝。

在古代，好的文章结尾被称为"豹尾"，意指文章的结尾迅猛有力，起到发人深省的教育意义。

在如今的新媒体文章中，我个人认为结尾最重要的作用有三点：助推情绪、引导转发、促使行动。

在情感类或故事类文章中，我们需要在结尾的地方把情绪渲染到高潮，让读者的阅读情绪进一步推高，给予读者爽快的阅读体验。

在观点文中，我们在开头提出观点，在中段列出旁征博引的各种案例，最后说服读者认同我们的观点，和我们站在同一条战线上。那么到了结尾，我们就需要把读者变为宣传大使，把我们的文章转发出去，让更多的人看到。这就需要我们的结尾有极强的煽动性，能够引导读者做出转发的动作。

在带货类文章或商业软文中，我们从头到尾分析了产品的各种核心卖点，并围绕它进行了盘点、对比和测试，最终我们的结尾是希望读者能够产生消费欲望，点击我们的带货链接，下单购买。

由于各种类型文章的目的不同，结尾的写法也不同，我们这里就举几个常见的结尾类型，来看新媒体文章的结尾应该怎么写。

渲染情绪

在情感类文章中，最后总是会用对比、排比、联想等方式把气氛和情感进一步烘托推高，让人感到有一种强烈的情绪在结尾弥漫，从而让读者对最后的部分印象深刻、感受独特。

比如，《你长大了，他们老了：别把对父母的情感蜷缩在角落里了》一文的结尾部分是这样的：

> 在韩国电影《我爱你》当中，一对老人选择了烧炭自杀，两人携手走向生命的终点，只是为了少给家中子女添麻烦。
>
> 有多少老年人一生把所有的爱都倾注在了下一代身上，即便他们的孩子已经成年并成家，依旧把他们当作孩子一样疼爱。
>
> 老人的心里装满了孩子，却唯独没有装下自己。
>
> 作为成年人，拥有着来自社会的、家庭的、子女的、职场的各种压力，使得他们逐渐忘记了年迈父母的需求，把对父母的爱逐渐放在了最卑微的角落。
>
> 父母犹在，人生尚有回路；父母离世，人生只剩归途。
>
> 不要等失去他们的时候，才知道父母到底有多重要。
>
> 在人生的每一天里，我们都要提醒自己，给父母打个电话问候一声。
>
> 这些简单到只占用我们几分钟的事情，却能带给父母最大的慰藉。
>
> 也许正是这些无足轻重的小事，就能够让他们的生命充满

希望，让他们觉得：人间值得。

所以，给父母打个电话吧，就现在！

在故事文中，用饱满且有冲击力的情感场景结尾也十分常见。

在故事文《为了追求音乐梦想，他与父母决裂10年不肯回家》中，讲述了一个陕西少年为了能在北京做摇滚音乐而与父母反目的故事。

在结尾的部分，少年因一场事故理解了父母的难处，放弃梦想回到家乡。场景是这样的：

> 凭借着十年前的印象，他找到了儿时的家门，原本破旧的土窑门如今早就换成了宽阔的两扇大铁门，篱笆院墙也早被父母改成了气派的红砖院墙。
>
> 梁胜站在门口，想喊一声爸妈，喉咙却突然被哽住了。
>
> 院子里落了一地的槐花，那味道幽香清淡却让梁胜泪流满面。
>
> 正在院子里打扫卫生的老父亲看到门口的梁胜，突然停下了动作，愣了几秒后，转身扯开嗓子喊道："老婆子，你娃回来咧。"
>
> 窑洞的蓝布猛地被掀开，满头白发的母亲来不及脱掉围裙跑了出来，和父亲站在院子中间看着梁胜，似乎是在做着一场重复了无数次的梦。
>
> 梁胜迈开腿走进院子，走到他们跟前，开口喊道："爸、妈，我回来了。"

母亲一把抱住他，父亲则一边转身给他找凳子，一边说着："饿了吧，想吃啥？让你妈给你做。"

梁胜接过父亲递过来的木凳，说："爸，我就想吃碗油泼面。"

小院里，槐花飘落，就像十年前梁胜离家时下的那场大雪。

总结复盘

在观点文写作中，我们往往为了论证一个笃定的观点，需要用到1~3个分论点，而分论点下面又时常会举几个具体的案例。这样一来，等我们的文章到了结尾的部分，很有可能读者会遗忘一部分内容。

这时候，就需要我们在结尾处进行一次总结性的复盘，简明扼要地重述一遍，以加深读者的印象。

此外，观点文的结尾还要有一些引导转发的文案，用来提醒读者注意"这是一篇和你观点一致的文章，你可以转发它让更多的人知道你的观点"。

比如，《方法不对，投稿白费：资深编辑的五条投稿建议，让你一投即中》一文的结尾部分是这样的：

以上就是我作为编辑想要给到各位萌新创作者分享的五条投稿建议，简单来说，它们分别是：

1. 了解投稿平台的调性是什么？

2. 读懂平台的征稿要求是什么？

3. 投稿的基本格式是什么？

4. 搞清楚约稿函里隐藏的内容。

5. 最后，你有用户思维吗？

了解了这些内容，可以说，你已经超过80%的萌新创作者了，你投稿成功的概率一定会大幅度提高。如果你周围的朋友也在学写作，欢迎你把这篇文章转发给他，让他和你一起学习，一起精进。

这种教程类的文案一般具备较强的用户思维。作者会非常贴心地在文章后面写出简单的小总结，供读者复盘学习或做笔记摘录；还会引导读者把这篇有价值的文章进行转发，用来获取更大的曝光量。

如果你创作的也是类似这样的文章，一定要记得模仿学习。

又如，《时常吵架的婚姻不可怕，有这两种习惯的夫妻一定会离婚》一文的结尾部分：

综上所述，在婚姻里，吵架不可怕，能吵架代表对方对你还有期许，代表双方还有沟通欲。

如果对方的眼神里全是鄙夷和不屑，那代表这段婚姻很可能已经走到了无法挽回的边缘。

因为，两性的吸引法则告诉我们，婚姻的维系始终靠的是女人对男人的崇拜，和男人对女人的依赖。

人，永远不希望和自己压根儿看不起的人在一起。

但愿你的伴侣，看你的眼神里永远有光，一直有爱。

发问式结局

除了总结、升华、引导以外,文章结尾还有一个非常重要的功能,那就是发人深省。有些文章读到最后感觉独具匠心,就是因为它提出了一个可能我们不常去思考的问题,并引导我们对其深省。

有时候,我们可以利用发问式的结尾来达到自己想要的效果。

例如,《这个世界会狠狠惩罚那些不遵守规则的人》这篇文章以重庆公交车坠江事件为切入点,讨论那些在生活中不遵守社会秩序而为自己和他人带来严重后果甚至灾难的事件,引发人们对控制个人情绪和遵守公共秩序予以关注。

文章在结尾部分采用了发问式结局,引发读者进行深入思考。

> 秩序,是现代文明大厦的基石。
>
> 那么,漠视规则、太过以自己为中心的人,不仅会用失控的情绪把自己推下深渊,更有可能会连累许多无辜的生命。
>
> 那些将一切错误推给别人的人固然可恨,可你有没有想过,假如你身边正好就有这样的人,正在干着戕害别人或有可能危及自己的事情,你是选择事不关己蒙住双眼,任由危险降临而不自知;还是选择毅然挺身而出,用勇气将危险提前扼杀?

金句结尾

没错,金句不仅可以用在开头作为开篇语,同样也可以用在结尾部分作为定论语。

在文章开头部分使用金句是为了快速亮出自己的核心观点,从而围绕这个观点进行论证。无论是情感文、观点文还是故事文,都可以在开头使用金句,甚至有些带货文也会用金句开头,但这个金句大都与用户痛点相关。

在文章结尾部分同样可以使用金句。不同的是,结尾使用金句有两个较为重要的目的:一是对整篇文章的核心观点进行高度总结概括;二是给读者提供一个转发的理由和文案。

因此,结尾的金句可以围绕两个要求进行创作,就是既要和文章主题高度契合,又浅显易懂且适合作为转发文案提供给读者。

例如,《鬼火少年:那些用时间和生命飞驰在生命边缘的人》这篇文章以一群喜欢在深夜飙车的留守少年为主角,从真实的视角展现了他们生命中的那些苦痛与伤疤,旨在探讨留守少年苦涩艰难的成长历程。

文章结尾这样写道:

> 和那些扒上飞驰火车的非洲少年一样,在深夜飙车的鬼火少年的内心同样是皲裂而匮乏的,他们缺失的是父母的陪伴。这是教育的缺席,是对生命的漠视和对未来的迷茫。
>
> 似乎只有在飞驰的廉价摩托车上,他们才能感受到脆弱的生命随时可能被剥夺的心颤,才能消解疯长的荷尔蒙带来的巨大空虚。
>
> 其实,他们想要的不是鬼火摩托,他们也不是天生喜欢与危险相伴,他们只是想以此感受自己的存在罢了。

也许，这群在别人眼里嚣张跋扈、张牙舞爪的少年，不过是寂寞而已。

他们与死神相伴，只为消解内心的空虚。

他们用生命起舞，只为证明自己的存在。

在新媒体文章的写作中，结尾的模式不是固定不变的，当然也不仅限于以上几种。上面列举的只是几种常见的结尾，我们可以在熟练运用后加以创新，创作出属于自己的独特结尾。

至于到底哪种结尾最好、我们应该用哪种结尾，这些问题是没有统一答案的。因为结尾始终是为文章服务的，不同的文章类型会与不同的结尾类型更匹配。在创作时，我们可以灵活多变，根据自己的文章类型选择合适的结尾。

比如，带货类文章就比较适合盘点式结尾，可以在文章的最后部分把产品亮点逐一罗列，以加深读者的印象，促成其下单购买；教程类文章比较适合总结式结尾，就像老师在下课之前的五分钟对重要的知识点进行一次简短的总结一样；情感类文章一般会比较感性，可以用升华感情、渲染情绪的方式结尾；观点类文章更适合用金句结尾或发问式结尾，这会让你的观点变得令人印象深刻且发人深思。

第 5 章

妙趣横生的故事写作

曾经，故事写作被认为是作家、编剧等专业写作者独享的创作领域。随着新媒体环境的不断变化，短篇故事的消费量与日俱增。尽管动辄上百万字的网络小说拥有大量的拥趸，但由于受时间和环境限制，很多读者更愿意选择在茶余饭后的碎片时间里阅读短篇故事，来满足自己对于情感和阅读的需求。

因此，新媒体故事文就成了独树一帜的写作类型，并收获了海量读者的喜欢。

新媒体故事文的特征有以下几点。

篇幅较短，耗费时间少

由于要满足读者快节奏的阅读需求，因此新媒体故事文的篇幅普遍较短，在微信公众号上以 3000~5000 字为主，在一些短篇故事 App 上则以 5000~10 000 字为主。此外，以同一主人公为主线，每篇为单独一个故事情节的系列文也很受欢迎。

短篇故事文不仅让故事的创作门槛进一步降低，让创作者更高效地生产更多的故事内容，也让读者的阅读更轻松。

总体而言，新媒体故事文的市场前景很大，投稿难度也不高，适合新手切入。

节奏较快,沉浸感强

新媒体故事文虽然篇幅较短,但起承转合的故事性不能缺失。为了能够在有限的篇幅里保持完整的故事情节,短篇故事文的情节和节奏推进要快,这就意味着创作者需要给读者提供更强的代入感,使得读者在阅读时能够产生沉浸感,在短时间里获得一种情感体验,这也是新媒体故事文能打动读者的主要原因。

语言流畅,更接地气

和传统的小说不同,新媒体故事文对文笔的要求不高,创作者可以用更通俗、更口语化的写作风格去讲述一个有趣的故事。这样的写作风格也更接地气,为读者流畅阅读提供了基础环境。

简单来讲,新媒体故事文有点像迷你版的网文,它和网文一样,讲究快节奏、语言流畅、故事情节推进快,能让读者感受到故事的起承转合即可。提供一部分爽点和感情落脚点是新媒体故事文的基本要求。

题材多样,具有时代气息

新媒体故事文虽然篇幅不长,但题材同样呈现多元化。在网络小说中能够看到的题材,在新媒体故事文中大都也能看到,无论是现代言情、古代言情,还是悬疑、科幻、玄幻、家庭故事,都能很好地涵盖其中。

这也为新手提供了广阔的创作空间,无论你喜欢哪一种题材,都能在这个领域里直接开始创作。

故事是人类永恒的需求。无论是在数万年前智人居住的山洞中，还是在现代文明世界飞驰的地铁上，故事始终是人们生活中不可缺失的调味品。

无论是看视频、听音频、阅读文字，还是与周围的朋友、同事聊天，故事几乎充斥着我们生活的每个角落。

如今，新媒体平台更是提供了传播故事的绝好工具，你可以在微博、公众号、朋友圈或其他任何一个写作平台上创作属于自己的故事。而创作新媒体故事文只需要有一台电脑或一部手机。

同时，和其他新媒体文章一样，新媒体故事文也拥有变现能力，无论是向其他账号、平台、媒体投稿，还是建立属于自己的创作账号，都能很快获得收益。

随着创作者的创作能力和自身影响力的提高，他们更有可能会将作品制作成有声书或短剧，从而再次获得收益，也可能会与其他优质作品一起结集成书，公开出版。

在本章，我们会着重还原新媒体故事文的创作过程和技巧，帮助热爱故事文写作的朋友了解从故事文创作到变现所需的全部技巧。

写故事的灵感从哪里来

听故事是每个人的基础需求，讲故事同样也是人的本能。几乎每个人都会讲故事，这是我们与生俱来的本事。

小时候，我们晚上看了动画片和电视剧，第二天到学校总是会和好朋友一起热烈讨论，甚至还会给那些没有看到的同学复述一遍，这就是讲故事的能力。

长大以后，我们在路上遇到了什么新鲜事，到了公司也会跟同事闲谈，并且还自动学会了制造悬念："你猜我今天在路上遇到谁了？你绝对想不到，我们公司的李秘书是什么来头吧？"这也是讲故事的能力。

人人都有讲故事的能力，但为什么好的小说家和好作品依然稀缺，那是因为普通人缺乏生产故事的技巧。我们大部分人都能复述一个已经看到或听到的故事，但不能凭空制造一个新故事。

很多人认为，写故事最重要的是灵感，尤其是写短篇的新媒体故事文，需要有源源不断的新故事灵感才行。而灵感从哪里获得呢？

接下来，我们着重讲一下故事写作灵感的来源。

"如果"制造法

对于故事创作者来说，"如果"两个字是打开灵感源泉的最好词语。在很多看似荒诞离奇的想法前面加上这两个字，会让你才思泉涌、答案立现。

人们天生会关心、关注、在意悬而未决的事情。这就是为什么人们常常对初恋难以忘怀，因为初恋往往是没有结果的，那段逝去的恋情存在着无数的可能性，这可能就是我们日后时常回忆起初恋时光的主要原因吧。

第 5 章　妙趣横生的故事写作

就像最近非常流行的一首歌曲的歌词一样：

> 如果当时我们没有被分开，
> 现在会不会有小孩？
> 是女儿像你那么可爱，
> 还是儿子像我这个无赖。

"如果"代表无数的可能性，也是很多故事灵感生根发芽的土壤。

在很多作家的便笺里，都保存了许多以"如果"开头的句式，这些都是他们未来故事创作的宝贵素材。当写完一个故事，开始下一个故事的时候，他们总是会打开自己的"如果"便笺，从中挑选一个素材，然后延展成为一个故事核心，从而展开新的故事创作。

比如，"如果一个高富帅相亲的时候，遇到了一个有智力缺陷的女孩会怎么样？"看到这个句式，我们就会在脑海中情不自禁地脑补接下来的情节，高富帅相亲遇到智力有缺陷的女孩，怎么会有这样的情况呢？那一定是介绍人的失误。这两个境遇完全不同的人坐在一起，会发生怎样的故事？他们之间能产生爱情吗？还是一个互相救赎的暖心故事？有太多的可能性让我们肆意发挥，有太多的巧合和人性让我们去描写。我个人非常喜欢这个灵感，它可以写成一个温暖搞笑的故事，也可以幻化成一个深沉悲伤的故事，一切皆有可能。

我们以"如果"开头写出一句话，也许看起来平平无奇，但随着我们对它的思考越来越深入，它会变得越来越离奇，越来越有趣。

著名作家马伯庸也时常用这种方法给自己寻找灵感，他曾经提出

过一个以"如果"开头的问题:

> 如果有人告诉我,某个沙漠中有 100 吨黄金,我该怎么把它们变成自己的财富?

这个问题乍一看很简单,运回来不就行了吗?

实际上,当你想把它写成能够说服别人的故事时,问题就没那么简单了。比如,100 吨黄金,这么大一笔财富,我一个人肯定是运不走的,一定要借助大型设备和帮手。这个帮手一定是要信得过的,随便找的人也许刚到沙漠就把我干掉了。设备应该怎么进入沙漠?要申请哪些合法手续?要以什么样的名义进入?黄金运回来的时候,要不要切分成小块?如何把黄金变成现金?如何把现金存入银行?如何使其成为自己的合法财富?

要面对这么多问题,你还觉得这是一笔简单的天降之财吗?实际上,这是一笔需要智慧、运气、勇气才能得到的财富,如果把上述问题逐一解决了,一篇好看有趣的故事就产生了。

事实上,很多优秀的故事作品大都是从一个以"如果"开头的句子诞生的,不信你看:

> "如果你买了二手车,它突然跟你说话了……"(《变形金刚》)
>
> "如果地球上只剩下一个破旧的机器人……"(《机器人总动员》)
>
> "如果一个不谙世事的少女突然卷入了后宫争斗中……"

(《甄嬛传》)

"如果有一个城市，没有人类，全是动物的话……"(《疯狂动物城》)

"如果把刺客信条的背景放在长安城……"(《长安十二时辰》)

"如果太阳极速膨胀，即将吞没地球……"(《流浪地球》)

"人物"制造法

相信大家都听说过一句话：艺术源于生活。

确实，我们看到的大部分艺术作品都源于人类的生活和历史、情感与体验，生活本身就是一个冗长而不中断的故事。

在我们的日常生活中隐藏着许许多多的故事素材。邻里之间、亲朋好友之间和同事领导之间，都可以挖掘出有趣的故事，成为我们创作的灵感来源。

从人物出发，在人物身上挖掘灵感，也是故事创作者常用的一种灵感素材收集渠道。

例如，我曾经听爱人讲过一件事。她的同事因为欠了很多高利贷而被逼得走投无路，只能辞职跑到外地躲债，生活一下子跌入了谷底。

我曾经见过那个女孩一面，她原本非常阳光开朗，很难想象她背负了那么多债务以后，生活会变成什么样子。

后来听说她和所有朋友都失去了联系，就这样人间蒸发了。

听到这个消息之后,我除了对她的遭遇感到同情以外,也敏感地意识到,这是一个不错的题材,可以作为一个故事来进行创作。

人物是现成的:一个阳光开朗的女孩,因为受到闺蜜的蛊惑,不小心踏入网贷的陷阱,由此堕入了地狱一样的生活。她被追债人侮辱、毒打,被朋友和同事误解、排斥,让父母颜面扫地、伤心欲绝。

但既然是创作故事,我们需要在现实的基础上进行加工,要让这个女孩在绝境中逆袭。她通过自己的智慧和努力,不仅还清了贷款,还掌握了贷款公司老总的犯罪证据,冒着生命危险彻底捣毁了这家非法的高利贷公司,重新回到阳光下生活。故事的结局大快人心。

说干就干。我利用一个月的时间把整个故事脉络梳理出来。我以女孩为中心,增加了必要的角色,例如有洁癖的追债人、贷款公司老板夫妇、拜金的闺蜜、被逼卖身还债的女大学生等,完成了一个逻辑清晰的故事大纲,并为每个人写了人物小传。

这虽然是一部长篇小说,但对于短篇故事文的创作来说,同样具有参考意义。

身边的故事和人物都可以成为你下笔的灵感来源。如果你身边也有一些有故事的人,不妨就从他们开始,把人物改造成你喜欢的样子。你可以在现实人物的基础上创作出一个崭新的人物,再围绕他进行发散,创作出配角和故事脉络,完成属于自己的故事。

视听积累法

写作是一种思想的输出,但长期输出而没有输入,灵感是容易枯竭的。无论是写观点文还是写故事文，道理都是相通的。

故事文创作者可以经常看看同类作品，一方面取长补短，另一方面可以始终和市场保持同步。更重要的是，你可以吸收更多的灵感。

无论是小说、新闻还是影视剧，它们都可以是我们日常积累灵感的来源。唯一不同的是，如果你是故事文创作者，那么无论是看书还是看电影，都要与普通读者和观众采用不一样的视角。

读者和观众看故事文和影视剧，第一需求是沉浸感。他们需要在特定的时间沉浸在故事里，被故事的情节和人物打动，经历一段特别的情感体验。

我们写作者看故事文和影视剧，第一需求是学习和研究。看故事文，我们要研究故事的结构和写法、人物刻画和对白。看影视剧，我们要看画面如何分镜、故事如何推进、矛盾如何产生，以及角色如何选择。

抱着学习的心态去看故事文和影视剧，还有一个额外的好处，就是大脑随时处于被激活状态，很容易在研习的过程中冒出新的灵感。这些灵感有时和你正在看的作品并无关联，甚至毫不相干，就像你有时明明在看一部科幻片，却时常会冒出言情故事的灵感一样。

值得一提的是，无论冒出什么样的灵感，你都一定要迅速把它记录下来。也许是一句话，也许是一个人名，也许是一个世界设定，无论是什么，都千万不要相信大脑会帮你永久保存。忽然产生的小火花无法持久，一定要将其记录下来，放在自己专用的灵感便签里。当然最好是手写的，其次是手机记录下来的，便于以后查阅。

这样的灵感碎片积累多了，就成了你独有的小宝库。每当你想写一个新故事的时候，就翻一翻你的灵感便笺，从中选出自己喜欢的灵感，经过有技巧地加工，成为崭新的故事。我的另一本书《拆解一切故事写作》中详细讲解了如何把一个微小的灵感碎片经过加工，一步步拓展成长篇故事的过程，感兴趣的朋友可以看看。

用一句话描述故事核心

古人说，千里之行，积于跬步。无论是多么厚重、恢宏的故事，它们最初往往都诞生于一个念头、一个想法、一个假设，而故事的雏形，其实就是能表现某种中心思想的一句话。

因此，无论你是想创作短小精悍的短篇故事文，还是想创作鸿篇巨制的史诗级故事，在动笔之前，最好把自己的故事用一句话描述出来。

我第一次看到出版社编辑发过来的标准表格时，上面罗列的"一句话简介"让我犯了难。我当时计划出版的是一本长达15万字的盗墓类悬疑小说，编辑要求我用一句话描述整个故事。我发现，无论我怎么写，都很难概括一个完整的故事全貌，这让我非常纠结。虽然只有一句话，但我写了十几个版本都觉得不满意。

后来出版社编辑告诉我，一句话简介就是你的故事核心，要通过简短的一句话把整个故事的核心提炼出来，还要让读者对此产生兴趣。

就像豆瓣电影的很多页面上都有一句对该电影的高度概括，也像故事 App 上推广某个作品时简短的一句话推荐。

这句话虽然简短，却是整个故事的定海神针。它能把故事人物、风格、题材、基调和主要矛盾冲突都确定下来，让我们在创作过程中紧紧围绕着故事核心来写，避免把爱情题材写成悬疑题材，把悬疑题材写成玄幻题材，更能避免在写作的中途突然改变了初衷，从一条康庄大道突然转入幽深小径。例如：

> 一个债务缠身的女孩入职了一家大型互联网公司，却发现老板是曾经杀死自己父亲的凶手……

以此为例，我们来看看一个合格的故事核心需要具备哪些元素，能够帮我们做些什么。

首先，从上面的一句话简介中，我们可以非常直观地看出，这是一个现实悬疑故事，整个故事的题材和基调就已明确。

其次，女主角确定了下来，而且是个有麻烦的女主角——"一个债务缠身的女孩"。我们知道，在故事中，主角一定要麻烦缠身，因为只有麻烦才能让其行动起来。如果这个女孩没有任何麻烦，生活美满、工作顺利、家庭和睦，那她就没有做主角的资格。她没有故事可言，就只能沦为配角或花瓶一样的存在。

接下来，债务缠身的女孩入职了大型互联网公司，这是解决债务问题的好办法。因为薪水很高，原本应该感恩领导、努力工作，却发现老板是多年前杀害自己父亲的凶手。

这个设定不但让主角和老板之间产生了强烈的矛盾，而且两人社会地位和资源的强烈不对等也让故事更有看头，人们会自然地想到，一个小小的女职员如何与身价不菲的老板对抗？你发现对方是凶手，但那么多年过去了，你有证据吗？如何才能扳倒这个逍遥法外的大老板呢？

无数的疑问会促使读者对这个故事产生兴趣，强烈对比所产生的反讽意味也就凸显出来了。

总结一下，一个合格的故事核心虽然只有一句话，但要包含三个元素：一个麻烦缠身的主角；一个设定精巧的反讽性；一个能让人浮想联翩的对立关系。

千万不要以为故事核心的三要素只适合悬疑类作品，我们把它用在家庭故事、言情故事里再来看看。例如：

> 性格懦弱的晓蓉因无法忍受强势的婆婆，借钱在城里买了一套房子。刚装修好，婆婆提着行李不请自来……

同样地，原本就在婆媳关系中处于弱势的女主角用借钱买房的方式想要逃避，就在她觉得终于可以过上舒心日子的时候，婆婆再次上门与她同住。

这里仍然有一个麻烦缠身的主角，有着刻意营造的反讽性，更有一个呼之欲出的对立关系。

读者几乎能够感觉到，晓蓉和她尽了全力都无法摆脱的婆婆之间，一定有一场精彩的对攻战即将打响。

到底要不要写大纲

我在刚刚进入写作领域的时候，曾经因为不写大纲而失去了几次宝贵的机会，因此在大纲的创作上充满了执念。

痛定思痛后，我花了很多功夫研究故事的大纲写作技巧，并在出版社和编辑的帮助下，获得了一些成功经验。

我把大纲的写作技巧收录在了今日头条的个人付费专栏中，阅读量一直居高不下，评论者中几乎都是被故事大纲这个拦路虎折磨过的写作者。

尽管大纲对我而言是故事创作的必需品，但这是迄今为止仍有争议的问题。我的写作群里还有一些学员坚持认为自己是无大纲派，能够在脑子里建立好所有的故事情节，然后一气呵成全部写完。

我不否认古往今来每个领域里都有天纵奇才，在众多的作家中也确实有从不写大纲的一派，但毕竟是少数人。

创作故事到底需不需要写大纲，我觉得可以停止争论了。每个人只需要问自己三个问题，很容易就能得到答案。

第一个问题：你出门旅游的时候，会给自己做一个简单的攻略和路书吗？

如果你是那种在做事之前喜欢有所准备的人，或者说你是那种喜欢手持计划书或图纸干活的人，那么在写作这件事上，故事大纲能够给你同样的安全感，你应该且需要学会故事大纲的创作方法，并且熟练运用它。

如果你是天生的狂放派，喜欢享受出其不意的惊喜，做事情随心所欲，崇尚"车到山前必有路，船到桥头自然直"的人生哲学，脑子里装满了各种取之不尽、用之不竭的奇思妙想，能够在写作的过程中遇到卡文难题时，随时激发出新的灵感来解决它，并且让故事朝着读者意想不到的奇妙方向发展，那么你可以跳过这一节和下一节，因为你完全不需要大纲这种东西。

第二个问题：你是新手还是老手？

对于写作新手而言，大纲能够给你的故事建立牢固的框架结构，如同前面所讲的观点文结构一样，能让文章逻辑分明、条理清晰，这几乎是一篇文章和一个故事的最低要求。

讲道理就要讲得条理清楚，讲故事就要讲得跌宕起伏。如果没有大纲，由着自己的性子想到哪里写到哪里，如何保证读者在一头雾水的情况下，仍然跟随你凌乱的思路一起在故事的迷宫里漫无目的地瞎逛呢？更何况这是一个注意力极度缺失的时代。

如果你是一个出道多年的成熟作家，那么故事框架、行文节奏、人物弧光、意外制造、高潮转折这些东西已经融入了你的肌肉记忆，你熟知故事的每个角落，你知道故事的主角什么时候该做什么样的事、什么时候心态应该发生变化等，就像一个成熟的画家完全不需要打草稿，因为他早已将人体的所有骨骼和肌肉烂熟于心。能够做到信手拈来，那么你也不需要写大纲了。

第三个问题：你创作的是长篇故事还是短篇故事？

长篇小说一般动辄几十万甚至上百万字，不仅篇幅长，而且故事中人物较多，支线故事繁杂，创作时间也较长。

如果没有大纲的辅助，创作者容易在漫长的创作过程中迷失自己，不仅前后剧情会出现严重脱节，人物性格会前后不一致，还会出现很多低级错误，导致作品质量严重下滑。

所以，我强烈建议写实体小说或网络小说的朋友，一定要在大纲的创作技巧上多下功夫。它是保证我们创作一部完整作品的基础工具，且不说作品的质量如何，起码它能保证你不会写到一半就直接放弃。

业界有句话：只写了一半的作品永远也卖不了钱。

如果你创作的是 5000~10 000 字的短篇故事文，还有必要写大纲吗？

如果你是故事写作的新手，我建议你学习一下大纲写作技巧。

相信我，短篇故事也有短篇大纲的写法，只是相对而言更为简洁罢了。无论是几句话的简介，还是百字以内的大纲，都是很有必要的。

短篇故事文的大纲至少能够保证两件事：一是保证你的故事逻辑通顺，符合大众阅读习惯，有头有尾，非常完整；二是保证你能最大限度地呈现自己的心中所想。

所以，分析了以上三个问题，你大概已经明白自己要不要写大纲了。能够读到这里的，大概率都是需要写大纲的朋友，因为那些无大纲派早就跳过这些内容了。

但请相信我,他们中的很多人还会回来的。包括我在内,有很多故事写作者都有过这样的经历:我们的脑子里有一个酝酿许久的精彩故事,这个故事的所有细节都在脑子里过了一遍,自我感觉故事非常精彩完整、人物个性突出、场景画面感强、主题立意深刻。这个故事在我们的脑子里翻腾着呼之欲出,似乎只要丢给我们一个键盘,我们就能连夜把它变成震古烁今的大火作品。但当我们真正落笔去写的时候,却发现到处都是不合理的漏洞,不是人物性格不突出,就是细节刻画不到位;不是情节有明显的缺陷,就是写着写着不知该如何收尾了。最后磕磕绊绊写完之后,我们失望地发现那个精彩的故事,大概只呈现出了三分之一甚至更少,远远没有达到自己的预期,从而白白浪费了一个精彩的设定或题材。

接下来,我们就把故事写作所需的重要一环——大纲写作掰开揉碎地完整展现出来,为故事创作打下坚实的基础,以免我们在写作过程中踩大坑、走弯路。

七步搭建大纲结构

当你拥有了合格的一句话故事核心,接下来就需要进一步扩展,将它变成一个可操作的故事框架,也就是大纲。

相对于长篇小说而言,短篇故事文的大纲只需要100字左右,简单几句话就可以了。

但即便是简简单单的几句话介绍，也要包含故事所需要的完整结构和元素。

那么故事到底需要哪些元素呢？

其实古往今来，人们大抵是遵循着同样一个套路看故事的，也就是说，故事创作的大方向和底层逻辑是配合人们的阅读习惯产生的。

这样一来，几乎所有故事都有一个基本套路。我们可以把它总结为如同公式一样的东西，运用在我们的故事里，让我们的故事更符合读者的阅读习惯。

这个故事的万能套路是：

目标→阻碍→行动→挫折→意外→转折→结果

这七个元素就像龙珠一样，集齐之后就会产生一个完整且好看的故事，就是这么神奇。我们接下来逐一介绍这七个神奇的元素，看看如何才能集齐它们。

你的人物需要有一个目标

我们在创作"一句话故事"的章节里曾经提到过，故事核心需要一个麻烦缠身的主角，但当时我们并没有做过多的解释，主角为什么必须要有麻烦。

在这里，我们可以解密了：假设一个人坐在凳子上抽烟，悠闲自在，一副对生活满足的样子，读者很快就会感到枯燥。如果你在他的凳子下面烧了一把火，火很快就蔓延到了他的屁股上，他会立即从凳子上跳了起来，叫喊着跑到院子里，院子里有一盆水、一口井，还有刚晾在绳子上的湿床单……

这样，读者才会感觉到，故事开始了……

主角现在有了一个清晰的目标，那就是把自己屁股上的火浇灭。他到底是用盆里的水，还是用晾在绳子上的湿床单，那就是他个人的情感选择了，但我们可以预料，无论他选择了哪一种，都会有一个有趣的结果等待着我们。

很多新手作者在写故事的时候，大都会遇到一个问题，那就是写着写着突然不知道该写什么了，既不知道情节该如何发展，也不知道主角接下来该做什么事。

发生这样的事情，很大一部分原因就是，你的主角在一开始就没有确定的目标，导致他走着走着就愣住了：我是谁？我在哪里？我要做什么？

回到开头的提问，为什么我们要给主角设定麻烦，因为麻烦能迫使他有目标，有了目标的人才不会一直坐在板凳上抽烟。麻烦缠身迫使他设定目标，并且尽快行动起来。

比如，在《西游记》中，唐僧师徒四人的目标是去西天取得真经；在《肖申克的救赎》中，肖申克的目标是逃出监狱；在《花木兰》中，花木兰的目标是保护父亲和家国安全。

当然，人物的目标不一定都是干一些轰轰烈烈的大事，而要根据故事题材和人物性格综合设定。在宏大的故事背景中设置大目标，在微小的生活场景中设置小目标，比如有些爱情故事，主角的目标仅仅是能够和心爱的女孩在一起。

无论大目标还是小目标，作为故事的创作者，你都需要残忍地拒绝其顺利实现。

你的人物需要一个阻碍

当人物拥有目标之后，我们还需要给他设置阻碍，不能让其轻而易举就实现自己的目标。

如果他说要有光，便有了光，那他就不是故事的主角，而是上帝。

在故事中，拥有清晰目标的主角一定会遭遇许多的困难，直至最后他一步步克服困难、打倒敌人、战胜自己，直至实现目标。

同时，在人物的目标上增加阻碍，恰好是制造矛盾、激发矛盾的主要方法。而矛盾冲突才是故事真正需要的东西。

制造戏剧化的矛盾冲突，最好的方式就是让人求而不得，爱而不能。为角色设置重重阻碍，看着角色在故事里痛苦、反思、尝试、失败、再尝试、最后成功的过程，才是故事本身的意义。

你的人物需要行动起来

如果你非常渴望做一件事，但你周围充满了阻力，那么困境反而会激发你的无限潜能，迫使你想尽一切办法去实现目标。要么与阻止你的人正面开战，要么开动脑筋迂回作战，像极了高中时老师和家长不许青春懵懂的少男少女早恋，但在荷尔蒙的催发下，恋人们仍想尽一切办法避开他们的耳目，在月光下的操场上彼此说上两句悄悄话。

当主角遇到阻碍时，一定要想尽办法让他行动起来，至于采取什么样的行动则取决于你的人物的性格。假如你的人物性格懦弱，遇到阻碍后不愿意行动怎么办？

回想一下好莱坞电影中蜘蛛侠是怎么做的：性格内向懦弱的高中生，尽管意外获得了蜘蛛侠的特异功能，但没有办法克服自己胆小的性格，不敢和恶势力做斗争。

这时候，需要一件事来刺激他，彻底激怒或改变他。剧中，主角和把他养大的姑父吵架后离家出走，他的姑父因为担心而在半夜走上街头寻找他，不幸被混混用枪打死了。

这件事彻底改变了主角。无论是愤怒也好，愧疚也罢，总之，主角再也不想看到有人死去了。他终于下定决心，以蜘蛛侠的身份与城市中的邪恶势力战斗到底，保护无辜的市民不再受到伤害。

你看，情节安排与人物的转变合情合理吧！

不是每个人生来都想做英雄，英雄也不是天生就充满了正义和勇敢，一切都是在变化中形成的。

所以，根据你的主角的性格，给予他合适的勇气，让他带着自己的目标和渴望，用自己的方式行动起来吧。主角行动起来的时候，故事才真正开始。

人物的行动需要遭遇挫折

主角行动过后,一定会产生一个后果,要么成功,要么失败。

在故事创作中,一般我们不会让主角太容易就顺利达成目标,总是会设置一个又一个障碍,这取决于你到底要创作多长的故事。

回想一下国内的喜剧电影《人在囧途》中徐峥扮演的角色李成功,他的目标就是顺利回家过年,并且向自己的老婆摊牌离婚,但自从遇到了王宝强扮演的挤奶工牛耿,一路上遭遇了多少障碍和挫折?就连交通工具也从飞机、火车、大巴、渡轮、货车最后沦为拖拉机,甚至大年三十还要在荒郊野外度过。

> 正是因为主角遭遇了种种挫折和磨难成就了一部精彩好看的电影,同时也成就了剧中角色的成长。李成功最终和自己看不上的牛耿成了好朋友,他回到家里后也没有选择和妻子离婚,无论是身体还是心灵都落地"回家"了。

作家廖一梅说过:"人就是这么一种挺贱的动物,他不能从快乐中学习,只能在痛苦中成长。痛苦能成为人的营养,而痛苦更多的那棵树会长得更大。"

所以,你如果想让故事的角色成长,想让角色在故事结尾时发生改变,就必须用不断的痛苦和挫折去磨炼他。读者也更乐于看到一个在逆境中成长的故事,而非一帆风顺的开挂人生。

故事需要一次意外

意外时常发生在故事的后半段。当主角经历了种种磨难,克服了重重困难，终于快要达成目标的时候，突然发生了一次重大的意外。

既然是意外，就是故事主角甚至读者都毫无戒备的、意料之外的大变故、大困难。

这种设置会让原本心情放松的读者跟随主角的遭遇，再次把心揪起来。就像《西游记》里，师徒四人历尽千辛万苦终于到达了大雷音寺，把真经打包带走，在路上有说有笑、无比开心的时候，突然被一只千年乌龟"摆了一道"，所有人连同经文一同跌落在水里。

举这样一个经典的例子就是想告诉大家，这种在后半段设置意外反转的套路，从中国古代的传统民间故事到国外好莱坞的商业电影，从抖音剧情短视频到题材各异的网络小说，只要是故事创作，你大都能找到它的身影。

意外需要一个转折

转折是意外的解药，是让读者在紧张过后的一次彻底释放。

意外就像是：

> 一个练田径的女孩通过自己的不懈努力，终于可以代表市里去参加全省比赛的时候，突然有一天，教练把她的名字从报名表上划掉了，说她可能无法参赛了。

转折就像是：

> 教练喝了口水，说："上次你的成绩是评分组搞错了，按照你的成绩，上面领导想让你直接代表国家参加明年的奥

运会。"

当然，在实际的创作中，关键时刻的转折往往隐藏在之前的伏笔中。只有这样，在主角面临故事中的危险、艰难、无助的时候，转折的出现才会显得合情合理，既在意料之外，又在情理之中。

如果主角在被反派逼入绝境的时候，反派的某个手下突然对他心生怜悯，放他一条生路，那么这个手下一定在之前的故事情节中受到过主角的帮助或已经展现出改邪归正的一面；否则，在故事最后的关头突然毫无征兆地转变性格，会显得很刻意、很生硬，让故事没有说服力。

再举个例子。在一部盗墓小说中，主角费尽千辛万苦，终于到达了墓穴的核心机关所在地，但无论如何也打不开最后的机关。眼看背后的僵尸和尸虫已经涌了上来，他突然灵机一动，用自己脖子上的祖传玉佩当作钥匙，按进了机关里，大门果然自动打开了。

像这样在危急关头突然出现的转折，确实能够帮助主角化险为夷、绝处逢生；但还是老问题，这块在关键时刻出现的玉佩必须在前面的故事中曾经专门描写过，不能是临时出现的。

读者跟读了许久的故事，以前从来没有听你提到过主角身上佩戴有玉佩，在关键时刻，怎么就突然有玉佩了呢？这明显不合理。

所以，最好的办法就是我们提前把转折所需要的人和物插入故事里，并且让读者有一定的印象。只有这样，等玉佩在危急关头出现的时候，读者才会恍然大悟：哦，原来是这样，我早就怀疑过，主角家祖传的玉佩肯定与墓穴有关。

这个时候，读者不仅不会觉得情节生硬，还会佩服你的精巧构思和伏笔，觉得你简直草蛇灰线、伏延千里。

故事需要有一个完整的结局

根据峰终定律，如果一段体验在高峰处和结束时是愉悦的，那么对体验的整个过程的感受就都是愉悦的。

放在故事创作领域来讲，那就是如果读者在我们的故事高潮和结尾处感到满意，他们对我们整个故事就都是满意的。

结尾负责的是整个故事的归拢和总结，我们首先要把故事中最大的问题解决，那就是我们的第一个问题：主角的目标是什么？

在结尾需要回答的问题则是：主角达成他的目标了吗？

如果主角一开始的目标是统治世界，那结尾无非有两种：一种是他成功地打败了黑暗势力，成为新世界的王；另一种是他打败了黑暗势力，却在此过程中得到了成长，听到了内心真实的声音，选择和伴侣一起归隐田园，一起过平淡的生活。

如果主角一开始的目标是得到邻家女孩的芳心，那在故事中经过了种种努力之后，最后的结局也无非有两种：一种是两人从青梅竹马变为神仙眷侣，实现了主角的梦想；另一种是阴差阳错之下，主角爱慕的邻家女孩和自己最好的朋友在一起了，而自己则遇到了从城里来插班的女同学，两人也逐渐擦出了爱的火花。

并不是非要让主角实现自己最初的目标，大部分时候，读者更看重的是主角的成长和变化过程。一个原本追求金钱的人在故事结尾发现了亲情的重要。虽然他没有达成自己的目标，但收获了亲情，这样的结尾处理，读者也是接受的。

无论给主角设置怎样的结局，都要尽可能满足读者的预期。如果主角没有达成自己的目标，为了给主角和读者一个交代，那就必须安排一些"慰问品"。比如在前面举的例子中，没能统治世界的主角起码会抱得美人归，没能追到青梅竹马的邻家女孩的主角最后邂逅了城里来的女同学。

在短篇故事的写作中，结尾部分一般是围绕主角来展开的，但在长篇故事的结尾中，工程量要更大一些。你不仅要把主角的命运安排好，甚至就连他身边的朋友、路上遇到过的小偷、同门派的师兄弟这些配角也要简单安排一下。

经常看爱情连续剧的朋友可能会有印象，在最后几集，男女主角终成眷属之后，他们身边的朋友也往往会突然凑成了几对，然后大家开开心心地办了个集体婚礼。

一般情况下，如果我们把自己的故事核心扩展到前文提到的七个步骤中来，就可以清晰地看到，我们已经拥有了一个简要的故事大纲，而且结构非常完整牢固。

我们的主角有一个明确的目标，但很快他将遇到来自各方面的障碍。当一个明确目标遇到障碍，就会形成故事中不可或缺的一个元素，那就是矛盾冲突。

主角产生行动，故事的篇幅取决于行动的次数，最后在行动中发生一次意外，产生最惊险、最困难的一幕，在关键时刻完成一次转折，产生了一个不可逆转的结局,这就是故事的结果。这也是古往今来大部分故事的核心思路。

千万不要觉得这是一种偷懒的套路,在这简单的七个步骤中,其实涵盖了大部分故事雏形,很多我们耳熟能详的经典故事,乃至好莱坞电影公司的电影剧本,大都能找到这个万能公式的影子。比如,电影《疯狂动物城》:

(目标):兔子朱迪出生在动物城的兔子村,她的梦想是成为动物城真正的警察。

(阻碍):因为个头太小,朱迪被警长派去做交警贴单员。

(行动):热心的朱迪没有放弃,通过争取得到了调查海獭失踪案的机会,和狐狸尼克一起卷入了一场更大的危机中。

(意外):经过一连串的危险调查,两人发现一系列案件幕后主使竟然是动物城市长的助理绵羊小姐。而朱迪和尼克则陷入了被追杀的险境。

(转折):朱迪和尼克假装被毒品感染而疯狂厮杀,迫使绵羊小姐说出了所有的犯罪计划。

(结果):朱迪和尼克通过自己的智慧,联手揭露了绵羊小姐的阴谋,维护了动物城的和平稳定。

我们可以尝试用这个简单的万能套路来套用一下自己熟悉和喜欢的故事,看看是否能够完整地贴合。

并且,这个公式并非只能创造一种故事形态,随着创作熟练度的不断提高,你可以随意调度中间的各个环节,让故事变得更加跌宕起伏。

比如，在"阻碍"环节，你可以设置多重阻碍，用来给主角施加更大的压力，使得故事爆发出更大的张力。在"转折"环节，同样也可以设置多重转折，在角色面临危险的时候，突然出现的转折能够让其脱险，同时也让读者松一口气。在角色和读者以为一切顺利的时候，突然加入"意外"的发生，会让读者的情绪也紧张起来。

我们灵活地运用故事万能公式，并将它变为各种类型和题材的故事，直到我们可以随心所欲地调度情节，成为一个能够掌控读者情绪的拥有高超故事叙述能力的作家。

如何用马斯洛需求层次理论讲好故事

在故事创作中，角色需要有自己的目标，尤其是主角，其次是反派。主角和反派目标一致的时候，两人可能发展为竞争关系，继而成为对方的障碍；主角和反派目标不一致时，两人也可能会因为理念问题仇视对方，给对方制造麻烦。

我们在很多失败的故事中，往往可以看到一个没有明确目标的角色。一个角色一旦没有了目标，就失去了真实性，对读者没有说服力。

故事中，一个突然挡住主角去路的人开始无缘无故地挑衅主角，甚至想动手，如果没有一个合适的动机去诠释这个配角的行为，读者就会觉得莫名其妙，只能脑补为要么是这个角色犯病了，要么就是作者喝多了。

有句话叫作：世界上没有无缘无故的爱，也没有无缘无故的恨。

在故事创作中，爱恨都要有个理由，主角都要有个渴望达成的目标。如果你不知道如何给角色赋予目标，那么马斯洛需求层次理论可以帮助我们。

角色的位置决定了他的目标

故事创作者应该给角色设置怎样的目标，这取决于你的角色最大的需求是什么，也就是他处在马斯洛需求层次的哪个层级。

马斯洛需求层次理论认为，人类的需求从低到高共分为五层（后来修订为八层），分别是：

生理需求，即需要满足食物、水分、空气等生活、生产必需品的需求；

安全需求，即需要满足生命安全的基本保障，免除恐慌和焦虑；

社交需求，即需要与他人交往，融入团体和圈层来满足归属感；

尊重需求，即需要通过体现自身价值，从而获得别人的尊重；

自我实现需求，即追求实现自己能力和潜力的最大化，完善自我。

一个人身处于马斯洛需求层次中的哪个层级，就有很大的可能性产生相关的目标与渴望。

比如，一个被抛弃在荒野中的人，要想活下来，首先就是要找到能吃的食物。在故事中，他的首要目标一定是"活下去"。

一个乞丐通过捡废品的方式刚刚解决了温饱问题，那么接下来他最容易产生的目标和渴望就是，"我要拥有一个更暖和的桥洞，甚至我要去租个便宜点的房子"。

但故事角色如果是一位城市白领，显然他已经满足了基本的生理、安全、社交等需求，此时他的目标可能就是对爱情、对事业的更高理想的实现。

那些实现了财富自由的富豪则容易分为两种：一种是失去了生命的所有动力，陷入无尽的虚空中，以挥霍钱财或重复满足低级需求为主要生活方式；另一种则是为自己找到了更宏大的自我实现目标，要么追求自身能力发挥的极致，要么为全人类的福祉奋斗终生。

一个人很难产生跨越层级的目标和渴望，就像一个乞丐很难萌生一种"我要造福全人类"的想法，人总是以解决当下困境为优先目标的。

当然，也有个别例外的情况，比如宗教信仰，比如为了更崇高的理想牺牲自我性命，等等。

理解了这些，再结合你的角色在故事中的社会地位，就很容易知道他的目标和渴望应该是什么。

比如，一个穿越到了三国时期战场上的高中生，他的首要目标一定是如何在这乱世中活下来。

但当他利用自己的历史知识,成功当上曹操的军师,满足了生理、安全、社交等方面的需求之后,他再产生诸如"我要改变历史进程,重塑华夏文明"的雄心就显得水到渠成,合情入理了。

角色的障碍决定了故事的冲突

当角色有了目标与渴望,接下来就要有与其形成对立的障碍产生,以便产生所有故事里的必备元素:戏剧冲突。

我们都知道,无论是舞台剧、小说、电视、电影,还是口口相传的民间传说,每一种类或题材的故事都包含了戏剧冲突。如果没有它,故事将不复存在。

角色在追求目标的过程中遇到障碍时,才会产生你来我往的交锋和对峙,故事的线条才会变得起伏不定(主人公占据上风时,曲线上扬;主人公落败时,曲线下潜),它才不会是一条单调乏味的直线。古人说,文似看山不喜平,同样也是这个道理。

那么,在故事中,我们要给主角设置什么样的障碍呢?

障碍的设置非常广泛,总的来说,我把它们分为两大类:有形障碍和无形障碍。

有形障碍指的是一笔数额巨大的钱、一个强悍的竞争对手、一个置人于死地的坏人、一头凶残的野兽、一座难以逾越的高山,等等。

这些障碍就潜藏在主角的身边,是现实生活中能够看得见、摸得着的障碍,等待着他一旦萌发了目标与渴望,就会马上跳出来激化矛盾、引发冲突。冲突一旦产生，故事就真正开始了，而读者关心的恰恰是这之后发生的事情。

无形障碍指的是一种无法摆脱的命运、一段无法忍受的婚姻、一个难以克服的心结、一种不符合自身价值观的政治环境、一个无法解释的神秘事件，等等。

这些无形的障碍往往不是角色通过蛮力就能消除的，它们看不见、摸不着，但同样能够束缚角色的行动力，扰乱他们的心神，折磨他们的身心，让其生不如死。而在故事中，当角色遇到这种无形的障碍时，往往需要用无形的武器才能解决，大部分是需要通过自己的智慧、感悟、成长等正向能量击败负面的无形障碍，故事的过程也类似于一场心灵之旅。

无论怎样，为角色设置障碍是故事创作中不可或缺的一环，障碍的设置应该与其目标高度吻合且强度不能过高或过低。过高的障碍能吸引一部分读者的好奇心，但会导致创作难度增加，可信度降低。

比如，一个 5 岁的孩子，第一次需要独自穿过巷子去小卖铺打酱油。

在这种情况下，将障碍设置为一个 10 岁的孩子拦住他的去路，并且要抢走他的钱。这种障碍的强度略高于角色的能力，是比较合适的。

假设将障碍设置为一群黑社会人员拦住了孩子，非要孩子表演胸口碎大石。这样的障碍虽然具有一定的猎奇性，但对于 5 岁的孩子而言，很显然太过离谱了。

角色的行动决定了性格

在读者对创作者的各种褒奖中,我们经常听到的一句话是:"简直把这个角色写活了。"

一个角色怎么才能"写活",这就需要为角色设定独特的性格特征,赋予它更多人性化的特质。当然,你不能生硬地在文章中这样写:

> 老金是个非常有正义感的人,他虽然性格有点急躁,但十分仗义。

对于故事创作者而言,这种简单粗暴的方式是一种最偷懒的创作方式,而且效果并不明显。

其实,想表现角色的性格,只需要让他做一次选择就可以了。人在面临选择时,所采取的行动是最能体现其性格的。比如:

> 老金在上班的路上,看到一辆货车发生了车祸,翻倒在路边的沟里。

我们给老金制造一个场景,迫使他做出选择,而他的选择也最能反映出他的性格。

老金可以直接停下来亲自去救货车司机,当然也可以假装没看到。角色在关键时刻做出的选择就是他性格的外化,假装没看到,冷漠地走开是一种性格;打个电话报警,但不耽误自己上班,又是一种性格;而丢下电动车立即跑去救人,则更能体现角色的品性。

当然,如果这个关键时刻力度还不够,可以继续加码,制造出更极端、更能暴露性格特征的场景。比如：

> 老金丢下电动车，爬到了货车驾驶室，发现司机竟然是四年前撞断他小腿的家伙。就是因为那场车祸，他才从生产一线退了下来，成了厂里的保安。

面对这种更加极端的情况，老金的选择就更能体现角色的性格和复杂的内心矛盾。当然，面对这种场景，对人物的描写处理难度也会更高。如果老金选择不救，显得他这个人心胸狭隘，没有肚量；如果救了，又显得老金一个普通人有些过于伟岸，不太写实。

因此，这种情况下，符合老金人物设定的最好表现就是：老金一边嘴里骂骂咧咧地埋怨着司机，唠叨着他对自己造成的伤害和影响，一边费力地把他从驾驶室里拖出来，帮他做心肺复苏。

这样的场景就能把老金的人物形象彻底立起来了，并起到推动情节发展的作用。

角色的性格决定了命运

除了主角会在故事后半段产生一些性格上的变化外，大部分角色的性格是一成不变的，而角色的性格很大程度上就注定了其命运和结局，对这一点创作者应该始终在心里提醒自己：什么性格的人就会说什么样的话、做什么样的事，最后迎来什么样的命运。比如：

> 一个嚣张跋扈、有仇必报的黑社会老大，已经被关在狱中五年，然后历尽艰险越狱出来。按道理，从此他应该夹着尾巴做人，老老实实做个隐形人，但他的性格不允许他这么做。因

此,消停和忍耐一段时间后,他一定会重新出现在街头巷尾,找到当初致使他坐牢的人,然后一一进行报复,最后重新被抓,再次坐牢,这几乎是这种性格的角色注定的宿命。

对于这个角色这样的结局,虽然读者可能会因为他没能快意恩仇而感到遗憾,但唏嘘之后仍旧觉得情节合理,毕竟他就是这样一个人,他就是能干出这种事情的人。

所以,人物一旦拥有了性格,就会拥有自己的命运,一切仿佛是早已安排好的宿命,他们知道应该怎么做,知道应该怎样活,创作者只需要做一个不干涉的旁观者和记录者就好。就像一个导演,只要喊了开始,剩下的就让演员自己发挥吧(前提当然是,你得保证他们是一群有性格的好演员)!

如何塑造有魅力的故事角色

在读者阅读故事的过程中,好的故事会让其产生所谓的沉浸感和代入感,也就是我们平日里常说的:看进去了。

这对读者而言,是一种非常美妙的阅读体验。读者会将自己代入角色的世界,感受到他们的悲欢离合,感受到故事带给我们的独特魅力。

沉浸感和代入感是故事创作者想要营造的一种阅读氛围,一个有魅力的故事角色,时常能让读者产生代入感。因为对角色的喜欢和感同身受，读者将很快被这个角色拉入故事情节之中，从而跟随他开始冒险。

因此，我们需要创作出有独特魅力的角色，尤其是主角。我们平时阅读和观影时都有这样的体验，如果我们对主角一点也不喜欢，甚至有点讨厌，那这本书或这部电影你是很难耐着性子看下去的，更别提什么沉浸感和代入感了。

主角要比普通人优秀一点

既然是主角，一定要赋予他主角光环，他必须在某个方面高出普通人一点才行。当然，我们赋予主角光环一定要适度，不要把世间所有的美好品质都一股脑儿地强加在他的身上，导致他失去了人性，而变成一个彻头彻尾的神。

在职场故事中，主角只需要比别人多一点职业技能，或者情商智商能碾压和吊打反面角色就够了。

在冒险故事中，主角需要在体能和身手方面比别人好一些，无论是丛林冒险还是盗墓倒斗，假如没有一个浑身散发着男性荷尔蒙的男主，效果自然会大打折扣。

即便是在非常写实的家庭故事或社会故事中，哪怕你的主角是巷子口拐角处的修鞋匠老李，他也需要具备一样比别人更出色的特质。比如超强的责任感，比一般人更执着，或者对女儿非常宠爱，这使得他本人具有一定的故事性。

总之，假如你的主角在各方面都很平庸，毫无出彩的地方，那他很可能无法得到读者的认可和喜爱，更无法带领读者在你的故事中漫游。

想象一下耳熟能详的主角们，看看他们都有什么过人之处吧。

《鹿鼎记》中的韦小宝：比普通人更圆滑和聪明，还有超好的运气。

《我不是药神》中的主角：看似非常乏味失败的中年人，却拥有着比普通人更大的勇气和责任心。只有这样的人，才敢冒险做对病人有益的事情。

《甄嬛传》中的甄嬛：论美貌，她可能不是整个后宫中最漂亮的，但超强的人际关系处理能力，是让她力压群芳，成为后宫之主的最大因素。

《琅琊榜》中的梅长苏：很显然，智商是他超越常人的特质。

就连《活着》这种传统文学作品，主角也拥有超乎常人的坚韧和对生命的敬畏。

利用好读者的同情和欣赏

想让读者爱上故事的主角，除了提高他们的某个属性以外，还可以利用人类的两大共性：同情和欣赏。

同情的触发条件是，角色处于麻烦和危险之中，或者曾经有过悲惨的经历。

在20世纪80年代武侠小说的黄金年代，很多武侠小说的主角在一开头就遭遇了灭门惨案，悲惨的身世让人忍不住同情，继而开始关心他们的命运。

如今，虽然这种开头少了许多，但主角还是要经常背负各种不幸，比如孤儿身份、被爱情背叛、被父母抛弃、被族人鄙视、被仇人追杀、被同事排挤、被黑社会追债，等等。

由于人类的共性使然，人们天生喜欢同情那些处境比自己更差的人，也对他们的命运更好奇。

一个富二代开着跑车从我们眼前呼啸而过，我们可能仅会多看两眼线条优美的跑车。但一个衣着寒酸的中年男人，为了给女儿取到氢气球而开始攀爬大树，这一定会让你停下脚步，提心吊胆看下去，并且会暗暗为他捏一把汗。所以，想要让读者关心主角，在角色设置的过程中适当加一些苦难元素，会起到不错的效果。

与同情相反，发自内心地欣赏和认同角色，也是打开读者心门的金钥匙。

除了前面我们说过的为主角提升某个特殊属性以外，为了能够更快速地让读者欣赏角色，可以试着让角色做点好事。

这就是著名的"救猫咪"理论。也就是在故事的开始，主角如果能不动声色地做一件类似于"救猫咪"这样的小事情，就会很大概率提高主角在读者心里的形象，让读者对他增加好感，认可和欣赏他。

这种创作技巧在影视作品文本写作中更是屡见不鲜，现在也被很多网络小说作者使用，效果是非常不错的。

回忆一下，我们在很多影视作品的开头，都曾经看到主角做过以下几件好事：在大街上见义勇为、帮助路边哭泣的孩子拿回卡在树上的气球、帮老奶奶救下房顶上的猫咪、喂流浪狗、给街边的乞丐零钱，等等。

这些都是为了展现主角的良好品质，虽然事情很小，却很容易打动读者：这家伙看起来五大三粗的，居然去救一只猫咪，他一定是个好人；这个女人看起来非常时尚，却给了乞丐零钱，她一定非常善良；等等。

一度大火的热剧《鱿鱼游戏》，凭借着离奇的噱头和独具一格的创意设定风靡全球，而我却对它开头塑造主角的片段印象深刻，那堪称教科书一样的人物塑造。

开头我们看到，主角是个年近四十岁的中年人，他这把年纪还跟母亲生活在一起，住在狭小逼仄的小房间里。从言语中看出，他是个欠了很多债务的失业者，目前靠开网约车勉强度日。

这种角色，在年龄和颜值上没有亮点，在职业和金钱方面也毫无建树，而且还好赌成性，很难获得观众的好感。

紧接着，主角遭到了高利贷公司的毒打，并被迫签下了器官转让协议，这让原本穷苦的生活变得雪上加霜，此时观众对他已经开始有些同情了。

紧接着，一穷二白的他给女儿过了一个极为寒酸的生日。拥有这样可爱的女儿，却只能请她吃炒年糕，观众的同情心进一步增强。

在回家路上的车站，有人提出和他玩个游戏，他赢了给他钱，他输了打他耳光。男主在这个场景里被打得鼻青脸肿，这个凄惨的场景再次让观众感到心酸。

在手里握着挨耳光赚来的钱之后，他在回家的路上给母亲买了一条鱼。这个场景既交代了他和卖鱼大妈的关系，又体现了主角对母亲的孝心，可谓一举两得。

最后，在家门口，他蹲下来给流浪猫喂鱼，并且说道：尽量吃吧，这可是我挨耳光赚来的。这个时候，人们对他已经不再讨厌了，而是充满了期待，希望他有朝一日能够翻身成为一个好父亲、好儿子。

无论是给母亲买鱼，还是给流浪猫喂鱼，这都是经典的"救猫咪"行为。这种行为在任何时候都非常管用，是软化读者心理的好方法。

有时候，有些故事创作者还会把这种技巧用在大反派身上，用来增强人物性格的复杂性。比如：

一个杀人狂魔在逃跑的路上，偶遇了一个天真的小女孩，两人坐在一起聊天，杀人犯问女孩要水喝，然后跟着她进了屋里。

这个时候，几乎所有读者的心都会提到嗓子眼，担心女孩会被残忍地杀害。

但杀人犯没有那么做，他一边喝水，一边看着女孩清澈的眼睛，说了声谢谢，并从裤兜里摸出一个小兔发夹送给了女孩，然后就转身离开了女孩的家。

我记得自己很小的时候看到过这个场景，那个时候我非常不解这个场景表达了什么？

那时的我还处于认为"好人就是好人，坏人就是坏人"的年纪，对世间的一切都有着清晰而明确的界限划分。后来我才知道，这个世界上，没有绝对纯净的黑或白，没有绝对的正义和邪恶，人性同样也是如此。

如何写出有深度的台词

在我的写作交流群里，很多人曾经提到过关于写作的各种问题，比如如何写大纲，如何塑造人物，如何设置悬念，甚至如何给人物取名字……

但有一个问题几乎没有人问过，那就是：故事中的人物对话和台词应该怎么写？

我想，之所以没人咨询这个问题，大概是因为人物对话在我们的日常生活中太过常见了，每个人每天都要和他人沟通，无论是朋友、家人、同事还是陌生人。在我们的生活场景中，人物对话太过日常，太过频繁地出现，导致故事创作者萌生了一种"别的不敢说，我写人物对话一定没问题"的错觉。甚至有些创作者在故事中通篇都是以人物对话来推动剧情，这样的做法在故事中未免有些太过单调乏味了。

其实，在故事创作中，台词或人物对话写作是非常重要的一环。

人物对话负担的主要任务有：推进剧情发展、表现人物性格、释放细节信息等。

创作者必须明白，什么是生活中的对话，什么是故事中的对话，以及每一句对话在故事中起到的作用是什么。最关键的是，不能把故事中的对话和生活中的对话混为一谈。

好的台词或人物对话不仅信息含量密集，还能够同时兼顾多种任务；差的台词信息含量少，且枯燥无味，两种台词带给读者的体验感也有着天壤之别。

举个例子：

> 两个村民在村头相遇之后的对话：
> A：去哪？（你上哪里去？）
> B：那里去一下。（到那边去一下。）
> A：弄啥？（你去干吗？）
> B：不弄啥。（不干吗。）
> A：去吧。（那你去吧。）
> B：去呀。（那我去了。）

看过这段对话，请问：B村民到底去了哪里？去干了啥？通过以上两人的对话，你得到了哪些有用的信息？

是不是感觉虽然两人有来有回地进行了三个回合的对话，看似他们说了些什么，但又什么都没说，实际上透露的信息几乎为零。

生活中其实充斥着大量的无意义对话，而这样的对话虽然非常接地气，同时也是现实生活中的一部分，但最好不要照搬到故事中。

那么，故事中的对话应该是什么样的呢？

这就要看我们想通过这段对话来达成一个什么目的了，寄托着不同功用的对话，创作出的结果是不同的。我们看看，如果我们想释放更多信息，上面那段对话应该怎么写。

还是那两个在村头遇见的村民：

> A：老闷，上哪去啊？
>
> B：去村委会一趟。
>
> A：哦，是去找刘会计借钱吧？
>
> B：你，你咋知道？
>
> A：我听说你把摩托都卖了。不是我说你，老闷，闺女始终是要嫁人的，你供她读啥子大学嘛，就是当了硕士博士，最后还不是男方家的人？
>
> B：她以后是谁家的人，俺不管，既然俺娃有能力，就是要砸锅卖铁俺也要供她！

同样也是三个回合的对话，这一段里的信息较为密集。即便在没有看到上下文的情况下，我们也依然能够知道，这是一个家庭拮据的老父亲，为了给女儿凑学费在路上遇到熟人后的一段对话。

我们甚至能够在对话中感觉到两人性格和价值观的不同。这是故事对话赋予它的功能性。我们在对话创作的过程中，除了要区分生活对话和故事对话，想让台词创作功底再进一步，还可以从以下几个方面入手。

台词不要太过浅白

尽管我们常说"艺术源于生活",但在故事创作中,也要注意文字的美化和加工,让台词不过于直接和浅白,失去品味的价值。

有时候,给台词加上一层滤镜,或者让原本浅白的台词稍微绕一下弯路,能够让读者在阅读时稍作停留,适当地在脑子里回旋一下,得出属于自己的理解。这既能让读者获得一种思考后的快感,而且这个思考的门槛很低,又能增加阅读的乐趣和互动感。

我们还是用例文来感受一下两种台词之间的区别。下面是一段涉嫌权钱交易的谈话,一家房地产开发商和住建局领导在酒桌上打起了哑谜。

第一种写法:

  开发商:林局,您是我们南城的父母官,可不能让外地人把我们的地都占了啊。

  林局:都是公开招标,人家愿意来南城投资,我也没有办法啊。

  开发商:那您可要公平对待竞标开发商哦。

  林局:别人早就在我这里打点过了,你又有什么表示呢?

  开发商:林局,你放心,他们有的,我们自然也有。

第二种写法:

  开发商:林局,最近南城来了不少狼,您可要防着它们咬咱们啊。

林局：哪的话，荒野猎食，各凭本事，哪有什么狼啊狗啊的。

　　开发商：也是，那还要麻烦林局当好裁判，一碗水端平哦。

　　林局：别人给我一瓶酒，你只敬我一杯，这我可端不平。

　　开发商：哈哈，这好说，等下我给您挂几串钥匙，保证压过他的一瓶酒。

这两种台词在写法上，第一种是相对比较浅白的方式，虽然一目了然、简单直接，但不符合商场和官场人物的语言习惯。无论是在官场还是商场，即便是私下收受贿赂，也是一件较为隐秘的事情，谈话中使用潜台词或一语双关的风格更接近故事本身的调性。

在对话中加入潜台词并不是搞阴谋的商人和腐败干部的专属，如果你留心观察，就会发现在日常生活中我们也常在无意中使用这些带有潜台词的对话。

对话要符合人物性格

简单来讲，就是什么样的人，说什么样的话。

对于每个人而言，语言是受到个人生活习惯、生活环境、教育程度等一系列因素影响的产物，因而具有强烈的个人风格。

这一点应用到故事创作中，就是角色之间的对话是需要符合他们的身份特征的。在故事中，角色的身份是非常宽泛而复杂的，上至达官显贵，下至贩夫走卒，不同的性别、不同的国籍、不同的社会地位、不同的职业特征……这些造就了一个角色独一无二的说话方式，而这种个性化的表达正是强化角色本身的强有力武器。

虽然语言风格受到多方面的影响，但对其影响最大的，首先就是人物性格。因此在故事中，台词也时常用来表现人物性格。

在面对同样一件事情的时候，不同性格的人在语言表达上往往也是不同的。

所以，在创作台词或人物对话的时候，一定要结合角色的实际身份和职业、性格、年龄等多方面因素，完成之后作者最好模仿他的语气说一说，看看有没有违和感。这样一来，就不会在台词方面犯低级错误了。

巧妙利用对话介绍人物和背景

对话还有一个很大的任务，就是释放信息。

在长篇小说里，故事往往有着一些需要让读者知晓和明白的设定，比如主角穿越后，这个世界是什么样的政治体系、什么样的力量体系或者是什么样的社会风土人情。这些海量的信息如果全由作者叙述，就会显得非常枯燥，读者就像在看一个背景设定。

但是，如果将这些世界背景设定巧妙地融入人物对话中，有计划、有节奏地逐步释放，就会在不知不觉中既让读者了解了世界背景，同时故事情节也没有因此而中断，一举两得。

在短篇故事中，我们可能不需要解释宏大的世界设定，但往往需要解释一个人的过往背景。这个时候，用对话来解决，依旧非常有用。

比如，如果在一个职场故事中，我们想让读者快速知道男主角之前辉煌的履历和傲人的成绩，可以通过HR和女同事之间的对话来解决。

女同事：新来的流程总监也太帅了吧，这样很不利于我们工作啊。

HR：少来了，你们部门都是些女妖精，什么唐僧没见过。还有，我提醒你们啊，这个总监可不是个偶像派。

女同事：是吗？他那么年轻……

HR：他是哥伦比亚大学毕业的，在麦肯锡做了三年的流程优化和数据分析，听说过莱亚的口碑逆转事件吗？他是幕后策划，一夜之间让莱亚挽回16个亿的损失，还收获了200万粉丝。

女同事：哇……别说了，这个人类高质量男性，我先撩为敬了。

像这种把原本应该叙述的东西融入人物对话，一方面避免了枯燥的说明书写法，另一方面又能推动故事发展和展现人物性格，这种对话创作技巧可以让故事变得更流畅，让读者沉浸感更强。

如何写出好看的人物故事

在短篇故事文中，人物故事处于占比较高的大分类。这类故事大都是以现实生活为背景，以常见人物角色为切入点，带领读者走进故事中体验别样人生。

在人物故事中，常见的分类有职场故事、情感故事和家庭故事。

职场、情感、家庭也是现代人普遍要经历的三个常见场景。在这三大场景中发生的故事，首先读者会有一种熟悉感，进而产生代入感。其次，读者容易与故事中的人物形成强烈共鸣，加大阅读的情感体验强度。

简单地说，大部分人都曾经或正在职场中工作，也都曾经或正在经历一段感情，最后组成新的家庭，融入新的关系当中。

阿德勒说过：人类的一切烦恼来自人际关系。而在人际关系中，最复杂、最微妙、最不可逃避的关系网，都是在职场、情感、家庭中相互交织而成的。这也就注定了这三个和普通人最贴近的场景是最容易产生故事的，同时也是故事文消费市场的主力类型。

职场故事

职场故事的消费人群自然以职场人士为主，我们在创作职场故事的时候，要站在职场人士的角度思考问题。我们要思考哪些是职场人士关心的问题，他们的痛点、焦虑、爽点在哪些方面，应该以职场的哪个角度切入进行创作。

故事文既然侧重于阅读体验，我们就需要为读者创造一种强烈的氛围感，使其在阅读时始终沉浸在故事中，沉浸在熟悉的场景中，在熟悉的人物身上找到代入点，体验一种跌宕起伏的阅读乐趣。

一般而言，职场故事的切入点有：

（1）职业选择：我为什么会做出与别人不同的职业选择。

在这种题材的故事文中，作者会借用主人公身份，讲述一个关于职业选择的故事。人们常说："男怕入错行。"其实在现代社会，无论男女，职业选择和职业规划都是一件非常严肃而认真的事情。如果有一个故事主角放弃了大众眼中更好的工作机会，冒着从头开始的困难和风险进入新的行业，这样的故事会吸引许多原本心里就蠢蠢欲动的人。他们会借由这个故事假想自己如果离开了熟悉的行业，去一个全新的领域打拼会遭遇什么样的困难，以及如何克服它们。

可以说，这类故事文是一种人生经历的预演，也是职场压力下许多人的诗和远方。

（2）人际关系：职场的奇葩经历和人情世故背后的故事。

职场就是一个社会的缩影，我们总能在职场中遭遇各种各样的人，他们中有些可能会成为一辈子的好朋友，有些可能会使你非常糟心，他们可能是上司、同事或第三方合作者。

职场人士在工作中总会和各种各样的人协同合作，而由此产生的故事，也是职场故事源源不断的灵感源泉，是读者最喜闻乐见的。

比如，员工和上司之间的办公室恋情、奇葩同事那些稀奇古怪的事、同事之间的恩怨情仇，这些都可以成为职场故事的原始素材。

只要是在职场里待过的人都有这样的体会，那就是真正职场里发生的很多奇葩、狗血剧情，甚至比电视剧和小说还要精彩。只不过作为创作者，我们需要把这些碎片故事通过写作技巧变得更好看，更有矛盾冲突性，更具故事性，而不是像一个邻座女同事那样絮絮叨叨地八卦。

原生的职场故事很精彩，但同样需要创作者用写作技巧加以包装。我们进行二次创作使其具备基本的故事要素之后，才能算是一篇具备变现能力的职场故事文。

（3）求职离职：职场人士的沉浮录。

求职是一段崭新职场经历的开始，离职是一段职场经历的结束，这两个阶段的故事都非常有可读性。

求职的过程实际上和一个故事非常相似。首先，求职有一个明确的目标；其次需要针对这个目标做各种尝试；最后会有一个结果，即被录取或被拒绝。这和一个故事的结构较为吻合，也和一段恋情的过程十分相似。

离职故事一般带有很强的总结性。主人公离职以后，可能会对自己的职场生涯做一次回顾，这其中可以做的文章很多。离职后那些原同事之间的情感变化，和原公司之间的人情世故，自己在职业生涯中的高光时刻或至暗时刻，曾经遇到的贵人或小人，离职后对原公司的吐槽（当然，要具备故事性，不能沦为纯粹的情绪发泄）等，这些都可以成为创作职场故事的灵感碎片。

（4）行业内幕：一些行业中不为人知的一面。

这种故事一般以猎奇为主。人世间的行业岂止360行，总有一些行业是外人不熟悉甚至感到好奇的。以故事的形式讲述行业内幕，也是故事文中非常夺人眼球的创作形式。

随便举几个例子,你一定对下面这些行业非常好奇:入殓师、法医、盗墓者、考古学家、地图测绘员、守林员、宇航员、DNA 检验员、私人侦探、带货主播、网络游戏开发人员、寺庙壁画创作者、艺术品拍卖行,等等。

如果你恰好对一些冷门行业的从业人员或行业内幕非常了解,那就可以立足行业本身,挖掘那些不为人知的行业故事和内幕。目前平台方和版权商对这种特殊行业的题材也非常感兴趣。

我记得有个女生在某平台写了一个关于佛教壁画修复员的爱情故事,刚刚发表就被平台方高价买下了版权。目前的行业故事类型大部分集中在警察、医生、律师等常见职业上,无论是读者还是观众,逐渐会对这类题材感到厌倦,冷门且新兴的行业故事正在崛起,相信不久我们就能看到关于美妆博主、三农视频创作者、新媒体运营人员这些新行业的故事被搬上荧屏。

情感故事

情感故事文是短篇故事中的三大主力之一,是以爱情和两性关系为主题的故事类型,也是大部分女性读者最喜闻乐见的题材。

情感故事文的创作上手简单,尤其对情感细腻的女性作者来说,是门槛较低的故事写作题材,并且它的故事取材非常丰富,很多人都会经历几次刻骨铭心的情感故事,再加上身边亲戚朋友的故事,以及影视作品提供的灵感,几乎让情感故事成为一个源源不断生产新故事的源泉。

根据读者目前的口味，情感故事文可以分为两大类：正向类和反向类。

（1）正向类情感故事文。

正向类情感故事文，顾名思义，即无论是故事氛围还是情节、结局都属于积极向上的，以幸福、甜蜜、宠爱为故事主旋律的正向主题情感类文章。

在正向类情感故事文中，又以甜宠文和小确幸最受读者欢迎。

经常阅读此类作品的读者应该比较熟悉，甜宠就是大型秀恩爱现场，文中男女之间一方极度宠爱另外一方，或者双方互宠互爱，营造出一种欢喜冤家般的甜蜜氛围。

如果把甜宠文比作一杯10分糖的奶茶，那小确幸则秉承的是半糖主义。它没有甜宠文那么"用力"地呈现甜蜜，反而善于在平淡生活中发现那些小美好，用点滴的小幸运营造岁月静好、细水长流的幸福感。

这两种题材在读者中各有拥趸，其实对应着不同年龄段女性对于爱情的态度。喜欢阅读甜宠文的读者年龄偏小（或心理年龄偏小），她们对爱情的看法就是不顾一切、用力付出、宠爱对方，幸福就是要秀出来告诉全世界。甜宠文那种大开大合、对待爱情无法抑制地全力付出，正好迎合了这部分女性的心理需求，让读者产生"这就是我想要的爱情"或"这就是我认为的爱情"的想法。

强烈的认同感会让读者很快把自己代入到故事中，跟随着故事中的主角在短时间内体验一把甜蜜的爱情。

喜欢小确幸的女性在年龄（或心理年龄）上较为成熟，对待感情更为理智。她们早就过了喜欢甜宠文的年纪，把情感寄托在细水长流的生活中，就像一杯"微甜"的柠檬茶。

在创作时，作者不仅要对自己有一个清晰的定位，还要对自己的读者群体有一个大概的认识。合理清晰地分析目标读者的心理状态和喜好，能够让自己的作品更贴合读者内心，从而让作品获得更强的竞争力。

（2）反向类情感故事文。

反向类情感故事文和甜宠文、小确幸正好相反，这类故事可以总结为一个词语：虐心。

在虐心类情感故事文中，最大的卖点不是甜甜的爱情，也不是生活中的小确幸，而是眼泪。情节越让人感到悲情越好，恋情越虐心越好，读者就是想和故事中的主角一同浸泡在眼泪里，在揪心的疼痛中体会爱情带来的撕裂感。

喜欢看虐恋文的读者，实际上大都没有经历过大起大落的爱情伤痛。她们大多感情经历一帆风顺，反而想在平淡的生活外寻找爱情赋予的伤痛幻觉，因此虐心的情感故事刚好可以提供这样一种体验。

我曾经听到一位老师讲过这样一个故事：

> 在抗日战争年代，某地的村民一直生活在战争的阴影里，物质也极度贫乏，生活过得非常贫苦。
>
> 某天，镇上派来一个放映员，想为村民放一场电影，给村

民带来一些精神食粮，缓解一下村民们紧张焦虑的情绪。

这位放映员带来了两部电影，一部是著名喜剧大师卓别林的作品，另一部是反映日本军队残暴的战争片。因为时间关系只能放映一部电影，放映员只好让村民们选择是看喜剧片还是看战争片。

讲到这里，老师问我们：你们猜猜看，村民们会选择哪一部电影呢？

没错，在缺衣少食、人身安全都难以得到保障的战争年代，人们每天受到的精神创伤太多了，他们对战争片这种揭伤疤的电影根本没有丝毫兴趣。他们只想看看喜剧片，在短暂的一个多小时的时间里忘记烦恼、忘记饥饿、忘记明天还要躲避敌人的飞机，就在此时放肆地大笑几次，体会一下久违的快乐。

但到了和平年代，我们反而时常会重新去看战争片或虐心的悲剧，想要在那些苦难的剧情中获得一种"令人愉悦的忧伤"。

那么，如何创作虐恋虐心的故事呢？

释迦牟尼说人生有八苦，分别是生、老、病、死、爱别离、怨憎会、求不得、五阴炽盛。

在这八种几乎每个人都要经历的苦难和折磨中，爱别离、怨憎会和求不得是情感中最常见的虐心根源。

爱别离是指相爱的人总是不能在一起。这种事情古今中外都能狠狠戳中女性的泪点，从我国的《梁山伯与祝英台》到外国的《罗密欧与朱丽叶》，相爱的人总被家族、权力、伤病、战争、误会、阴谋、种族、宗教等一切可能的因素阻碍，最后要么生生分别，要么以死诀别，天人永隔。

现代社会中，爱情之间的障碍变得越来越少，很多以前难以跨越的鸿沟如今变为坦途，但男女之间就能真正实现爱情自由、拥有绝对的幸福吗？实际上并没有，时代消灭了旧的鸿沟，但会产生新的障碍。如今男女之间的障碍大部分集中在金钱、权利、家庭、性格、三观、意识、职业等方面，我们在创作故事的时候可以打开思路多为角色设置符合时代气息的障碍。

怨憎会是指与怨憎之人相遇的苦痛。实际上，在我们的文章中它所指的就是不合适的人在一起产生的痛苦。

有些感情明明不合适，明明两人互相伤害，可就是如同宿命一样无法逃离，使得两人生生要遭受许多年的痛苦折磨。最后，也许巧遇某种契机终于脱离苦海，他们能够有机会去寻找新生活；也有可能终生浑浑噩噩，在相互抱怨和憎恶中纠缠到死。

在情感故事文中，关于渣男、"海王"的故事，大都属于这种类型。这类故事文带有较强的情绪发泄功能，因此除了在故事中塑造一个可恶的渣男形象之外，最后的结局一定要带有"复仇"的爽点，给女主角赋予"手刃"渣男的高潮情节或让反派人物得到一定程度的惩罚，以此引发读者强烈的共鸣。

求不得是大部分人生命中都会经历的关于情感的遗憾。那些长久的单相思或暗恋，那些付出了时间和柔情的爱而不得，那些午夜梦回辗转反侧时的意难平，试问谁的人生里没有过这些苦涩的、凄凉的、无法与人言说的、带着"三分忧伤、七分顾影自怜"的情绪。它们就隐藏在每个人内心最隐秘的角落，一旦遇到与之产生共鸣的故事情节，那股似曾相识的遗憾和悲伤一旦涌现，读者的泪水会毫不吝啬地借由故事角色的伤情喷涌而出，他们会完成自我情感的一次升华、一次成长，甚至是一次救赎或"重生"。

家庭故事

家庭是人类社会最基本的组成单位，是每个人最初生长和成长的地方，父母之间、兄弟姐妹之间、亲戚朋友之间从来不缺乏故事。

因为家庭的特殊性和普及性，家庭故事天生就容易让人产生强烈的代入感，几乎能够吸引大多数读者的关注。因此，在故事文领域，家庭故事同样也非常常见。

一般来说，创作家庭故事应着重从以下几个方面入手。

原生家庭是很重要的一个方面。原生家庭中的父母子女、兄弟姐妹等成员长期处于频繁互动中，家庭也是很多情感的滋生地，同时也是极易产生矛盾冲突的地方。

比如，电视剧《都挺好》中原生家庭父母的价值观影响着每一个孩子的成长，更牵动着每个家庭成员的心理感受。并不是所有的父母都会无私对待每一个孩子，也并不是每一个孩子都会深爱着父母，没有丝毫怨言。正因为这样，才会有诸如"扶弟魔""妈宝男"这样的蔑称出现。在这样的蔑称之下，其实隐藏的是孩子（通常是女儿）对父母偏爱行为的不满。

此外,代沟问题也非常值得一写。

家庭中由于年龄产生的代沟,同样会成为矛盾的集中爆发点。青春期的孩子遇到更年期的母亲,光是看看字面就觉得满是硝烟的味道。更何况还有固执的父母试图将自己的价值观强行套入子女的世界,并孜孜不倦地试图改造子女的生活,使得双方时常爆发矛盾。

除此以外,不同的价值取向、不同的生活方式,任何细枝末节的东西都会在狭小的家庭空间中摩擦出矛盾的火花,进而擦枪走火爆发一场家庭战争。而这些正是家庭故事创作者在生活中应该留意的地方,也是故事灵感的源泉。

当然,家庭故事并非都是鸡毛蒜皮和鸡飞狗跳,自然也少不了温情的一面。尽管相爱相杀,尽管互不相让,但在大是大非面前,在灾难来临之时,在人生至暗时刻,在遭遇困境的时候,家人总是我们最先想到的能够依靠的人。这些都会是流淌在家庭中的涓涓细流,也是我们创作家庭故事的美好素材。

关于短篇故事文的写作技巧,大概就是这些。但实际上随着创作功力的逐步加强,故事创作者大都会朝着更有挑战性的目标前进。届时,你将需要进一步提升写作技巧,学会如何制造悬疑氛围、如何制造合理冲突、如何写出如电影般的画面感,以及如何营造人物在整个故事中的弧光变化,等等。

这些内容在我的《拆解一切故事写作》一书中有极为详尽的阐述,喜欢故事写作的人可以看看,相信一定会对你有所裨益。

第 6 章

写作变现与个人 IP 运营

文字消费市场的本质是什么

新媒体写作与传统文学写作完全不同。新媒体写作的实质是以用户为中心实现文字的商品化,是打造一个系统的可出售、可定价的文字产品。

虽说这样讲会让很多热爱写作的人感到有些不适,但请相信,我和你一样,也深深地热爱着文字。就事论事,你如果从第1章看到了这里,就会明白新媒体文章变现的本质是什么。

实际上,正是因为它具备的独特属性,使得它有了变现的价值。

新媒体文章的主要作用有营销推广、带货销售、输出知识、售卖观点、寄托情感和消磨时间等。

(1)营销推广:帮助商家将其想要推广的产品或服务以新媒体文章的形式扩散出去,你可以把它想象成一张张在网络上流传的广告传单。

(2)带货销售:集中盘点产品亮点,有逻辑、有计划、有技巧地对产品进行推销,促进用户下单购买,这相当于网络增加了一个销售员。而这个销售员最大的能力就是,能够同时让多人在线观看,同时说服很多人。

（3）输出知识：自古以来，知识就是一种有价值的商品，无论是私教老师还是学校老师，都能利用知识获得报酬和尊重。这在新媒体领域也是一样的，如果你能输出某个领域的知识，并让读者接受它，那么随着关注人数的不断上升，带来价值就是水到渠成的事情。

（4）售卖观点：多年前我曾听到过一句话，说这个世界上最难的两件事是：一件是把别人的钱装进自己的口袋；另一件是把自己的观点装进别人的脑袋。其实，这句话表达的就是观点输出是很难的，能让一个人认同你的观点同样不易。也许说服一个朋友、一个同学、一个亲人很简单，但如果你能说服一个班级、一个公司、一个城市，那由此带来的价值就可想而知了。

很多观点文为什么能够动辄获得百万阅读量、几十万次转发？就是因为作者准确切中了人们的神经，巧妙地植入了自己的观点，获得了读者的认同。

至于寄托情感、消磨时间，虽然听起来不如前面那些功能那么实用，但实际上它们同样非常有价值。人类是感性的，也是理性的，但最终是感性的，人的情感始终是要在某个地方寻求停靠和寄托的。古人寄情于山水、诗歌、美酒和风花雪月，今人寄情于丰富的物质、美妆、美食、电影、综艺、游戏，甚至公众号里的情感类文章，是出于一样的道理和逻辑。尽管时间更迭，但人性从来没有发生过太大的变化。

因此，在我们想要用新媒体文章变现之前，要清晰地认识到两点：

这个时代需要什么和我能为读者提供什么。

写作者也需要敏锐的市场嗅觉

既然新媒体文章是一种商品或产品,那么写作者就需要有敏锐的市场嗅觉,去发现需求甚至制造需求。

2014年公众号刚刚开始冒头的时候,我所居住的四川绵阳,光是资讯类的公众平台就冒出了五家,生活服务类平台也有三四家。

这些公众号的负责人经常聚在一个茶楼聊天,有时也会分享一些商业资源和变现资源。当时有个姓王的年轻男孩,他是从广告公司里辞职出来创业的,临走还把自己做平面设计的老婆带了出来,两口子想通过做一个本地美食类公众号起家。

当时我们大多数人想的都是做全渠道,什么房产、汽车、美食、商超全部拿下。没人会在一个小领域里浪费时间,更看不上普普通通的美食领域。毕竟三线城市的餐饮都是中小店铺,感觉没有什么前途。

但小王非常努力,他每天不辞辛苦地跑商家,给商家免费拍照、写推送文章,有时还得自掏腰包吃一顿,不然根本无法知道口味如何。回去之后,小王的老婆负责处理图片、排版和做GIF动图。

他的公众号只做本地美食,账号内容非常垂直而且很接地气，因此收获了大批本地粉丝，逐渐在本地餐饮服务平台领域坐上了头把交椅。

反观我们当时那些口口声声要做全渠道平台的，因为范围太广、内容杂乱，无法形成聚合效应，很快被别人超越。后来有了58同城、美团这些大平台后，更是立即就被资本方碾压成了齑粉。

而小王的美食账号，直到现在也一直发展得很好，已经成为本地一家很有名气的自媒体公司，并且几乎在各大平台都有了属于自己的媒体矩阵账号。

直到最近几年，我们才频繁听到"垂直领域""垂直账号""垂直内容"这些词语。实际上，这是无数内容创作者和新媒体创业者经过实践，付出时间和精力才蹚出来的一条有效路径。

因此，新媒体创作者面对庞杂的领域和题材，往往会陷入这样的迷茫：我如果不多尝试几个领域和题材，怎么知道自己擅长写什么呢？我如果什么题材都写、都发，是不是又犯了"内容不垂直"的错误了呢？

对此，我们可以分开来看。如果你前期没有自己的账号和平台阵地，以投稿者的身份切入新媒体领域，那就可以多尝试几个领域和题材，反正你创作不同类型的文章都是投给不同的平台。最后找到自己特别擅长的领域之后，就不用再频繁换赛道了，在这个领域里深耕细作不断精进，持续输出才是正道。

如果你不愿意投稿，想在进入新媒体领域之初就尝试打造自己的

IP 账号，那么无论是公众号还是其他平台账号，都不建议你尝试各种题材，最好在注册账号之初就想好自己要在哪个领域内耕耘。

我们可以设想一下：

你在今日头条的账号上发了一篇《2021 年蓝牙耳机横向评测大全，值得买的都在这里了》的文章。在这篇文章中，你对百元以内的蓝牙耳机到千元以上的蓝牙耳机一一做了全面的评测，并细致地写下了自己的感官体验和评分，帮助很多人在选择蓝牙耳机这件事情上节约了大量的挑选时间。你还细心地贴上了每款蓝牙耳机的购买链接，让读者可以点击感兴趣的商品立即下单购买。

这篇文章让你收获了 20 万的阅读量、1000 多条感谢的评论以及数千元的佣金回扣。很多人因为这篇文章对你有了初步的印象，认为你是一个智能电子产品方面的专家，既然你懂蓝牙耳机，那很可能也懂其他电子产品。于是有读者关注了你，希望未来能够看到你写出关于音箱、键盘、鼠标、电脑、智能手表等电子产品和配件的全面评测。

可是你呢，写完之后发现电子产品的佣金不太高，想尝试一下美妆带货，于是写了一篇自己并不擅长的隔离霜评测文章……

你能体会到因为蓝牙耳机评测而关注你的那些粉丝，在看到你发美妆产品评测文章那一瞬间的心情吗？

在垂直领域里做垂直内容，目前几乎已经是业内人士达成的共识。

不仅如此，随着各个平台智能推荐算法的不断更迭，持续做同类型内容的作者将会被算法发现，并获得更多的流量推荐。

举这两个例子是为了说明，新媒体创作者其实更像一个创业者，不仅要拥有敏锐的市场嗅觉，更要有在一个领域里深耕细作的耐心和勇气。

如何切入本地圈层

敏锐的市场嗅觉不仅仅在于能够发现什么样的创作方式更长久、更讨喜，还在于能够像奶油刀一样顺滑地切入市场，无论是本地市场，还是全国市场，以及下沉市场。

这里举一个真实的小案例，希望能够给大家带来启发。

小柯是一名百度信息流广告销售员，在接触客户的过程中，她发现自己所负责的餐饮行业普遍有一个痛点，那就是商家要么没有公众号，要么就是有号但没人运营。毕竟做餐饮的普通员工里很少有人会运营新媒体账号，因此这些账号大部分处于闲置状态。即便是现在，这种情况也普遍存在。很多商家的账号都是空置的，没有稳定更新，最后沦为一个逢年过节发问候的无效账号。

小柯就想，如果我能够把客户的微信公众号全部托管过来，一个账号每月收取3000元托管费用，10个客户每月就是三万元。更何况，她手里的客户何止几十家呢？

接下来，她便制定了一个有步骤、有计划的策略。

她先找到一个在其他城市里做得比较好的公众号，希望从中找到一篇可以模仿的爆款文章。经过筛选，她选择了一篇题为《××市人转起来，原来我们的家乡这么美》的文章。这种文章大家都见过，它们利用家乡的美景、美食、历史底蕴唤起本地人的自豪感，利用人们的乡土情怀做文章，虽然简单粗暴，但很有效。

刚好小柯是百度广告部门的销售，能接触到一些内部资源，于是她就找到了很多本地历史上很罕见的照片，以及从明朝、清朝、民国到现代的城市地图，用大量的老文献、老资料和老照片将以前的城市与如今灯火辉煌的都市景色进行对比，营造出了一种沧海桑田、历史变迁的厚重感，然后排版并取了一个类似的标题发了出来。

果然，这种猎奇又迎合家乡自豪感的图文一发出来，当晚点击量就达到了8万，第二天数据就升到了16万。

你以为她会继续在这个领域发力，打造一个本地公众号吗？没有，她拿着这篇文章去找客户。她对客户说："16万的阅读量意味着什么呢？意味着我们本地的晚报和日报发行量的总和，意味着你至少要印15 000元的传单去街上发放，而且每个人都会接过来仔细看完才行。如果你把公众号交给我托管，虽然短时间内达不到这种数据，但长期下来，绝对是最节约成本、效果最大化的一种营销方式。"

那篇爆款文章本地许多人都看过，数据也很有说服力，因此真的有老板把公众号交给小柯托管。她开始白天跑广告业务，晚上回家给企业公众号写文章。

随着客户的逐渐增多，小柯一个人无法胜任太多的写作任务，于是就水到渠成开了一家新媒体公司，不仅帮客户运营公众号等新媒体平台，还为客户提供网络营销策划等一系列服务。这家公司很快就成长起来了。

还有一种立足本地市场的切入策略，那就是在自己的平台账号上写几篇拿得出手的新媒体文章，然后到本地的新媒体公司直接应聘小编，在小编的岗位上边拿工资边提升自己。在新媒体行业里你能接触到更多的从业人员，接触到更多的相关资讯和圈层大咖，逐渐使自己融入进去，提高自己的写作能力。

这种方式比较适合二三线城市，因为这些城市的新媒体从业人员较少，相对而言竞争没有那么激烈，应聘上岗的门槛较低，是一个较为稳妥的切入方式。

如何选择和建立平台

中文在线 IP 事业部的版权总监赵小花女士曾经说过：

对于 IP 打造来说，虽然不能简单粗暴地归纳为"好的策划就是 IP 成功的一半"，但前期有策划、有准备、有计划地去做这件事情，成功的概率自然比没有策划就开干要高得多。

那么，怎么从零开始建立一个属于自己的IP账号呢？本节我们将按照操作步骤详细分享。

第一步，账号定位。这个步骤其实就是给自己选择一个合适的赛道，也就是你打算在新媒体文字领域里选择一块属于自己的责任田，然后选择一种谷物或经济作物，开始辛勤耕耘，希望未来能够在自己的一亩三分地里挖出个金娃娃。

在给自己的账号定位时，一定要选择自己感兴趣、擅长的类型。在前面的章节里我们说过，新媒体文章变现是一个持续的过程，而且具有较强的累加效应，账号和IP随着时间和粉丝的不断积累，越到后面越值钱，价值越高。这就要求创作者能够持续输出，如果你选择的领域刚好是自己擅长、感兴趣的，那么在遭遇困境时，你会更容易克服困难，凭借自己的热爱挺过去。在输出后继乏力的时候，你也更有热情去学习新的东西，为自己输入新知提供兴趣的动能，有利于我们在这个行业里走得更远。

例如，2016年，今日头条开始鼓励创作者入驻，当时还拿出了巨额的补贴来吸引创作者，以点击量、播放量折算成人民币奖励作者。当时我们办公室有一个新媒体部门，看到这个风口之后，我们决定新媒体部门每个人都开一个账号，各自选择一个领域切入，做一段时间试试水。

于是，有人选择了搞笑娱乐，有人选择了视频搬运，有人选择了历史文化，有人选择了影视解说……那段时间，因为有大量的流量加持，所以无论做哪个领域都能获得非常多的点击量，几乎每个账号月收入都在 10 万元左右。

后来，随着大量创作者涌入今日头条，平台改变了策略，转为扶持精品内容和原创内容。当时靠搬运视频、打擦边球和洗稿的账号自然就没有了流量。最后能够坚持下来的大都是最初选择的刚好是自己喜欢或擅长领域的账号，他们顺理成章地选择做原创内容，申请成为原创作者，不仅继续享受流量加持，还有比普通作者高几倍的收益。

无论任何时候，做任何事情，选择自己热爱的总没有错。

第二步，选择平台。账号的定位直接影响接下来如何选择平台、如何打造人设等一系列问题，因此在前期一定要慎重考虑。

比如：

> 你是一名法学博士，也是中国政法大学刑事司法学院的教授，你觉得自己对法律有着独到的见解，希望通过自己的文章进行普法输出，提高民众的法律意识。经过慎重考虑，你选择了以知识输出为领域，以法律类知识为细分赛道，这就意味着，接下来你在选择平台的时候，也要考虑哪些平台的调性和你要做的内容更加契合。
>
> 法律是一个比较专业而严肃的知识领域，凭借第一印象，你可能会选择知乎，因为在网友的眼里，知乎上的大 V 是有一定专业权威性的。但是，结合自己的性格之后，你的想法发生了转变。你去各大平台逛了一圈，发现所有的法律类博主都是一副学究模样，每个人都讲得很专业，但不够生动有趣。你

本身就是一个非常活泼且喜欢开脑洞的人，平时讲课最讨厌的就是照本宣科，一板一眼的话，你心里会有些不服：为什么法律就非要说得那么枯燥无味呢？我为什么不能用讲段子的方式来普法呢？

于是，你打算做一名与众不同的法律博主，你选择了更加偏娱乐化的平台——B站。你把文案写出来以后没有以文字形式发出去，而是把它们拍成了视频，利用幽默诙谐的语言、形象生动的案例、虚拟的人设——"法外狂徒"张三，你的作品专业性兼顾娱乐性，贴合了大众网友渴望了解法律知识但又容易被枯燥的法律名词劝退的心态，你的账号立即大火了起来。

你，就是那位著名的法律博主，罗翔。

这个案例告诉我们，选择平台不仅要根据自己输出的文章所属类型来考量，还要根据自身性格的实际情况来综合判断。这是一个极其个人化的选择，很难有人能够给你一个绝对正确的选择。你需要根据自己的个人情况综合判断，哪个平台才是最适合自己的。

接下来，我们把常见的平台简单介绍一下，让你有个初步的了解，方便读者参考。

微信公众号

微信公众号是老牌的图文类输出平台，拥有海量用户，随着公众号头部效应的形成，几乎每个领域都有了较为权威的账号，其中有些账号背后已有资本注入。普通人可以通过微信公众号做三件事情：向头部账号投稿变现，建立自己的个人账号作为私域流量池，接企业微信公众号、托管运营的订单实现变现。

如果你是以写故事文为主,那么建议走投稿路线;如果你主要写观点文、情感文,则建议开账号,运营自己的 IP。

头条号

字节跳动旗下的今日头条 App 的内容创作账号,叫作头条号。

今日头条是我个人比较推荐的新人作者起家的平台,原因如下:

第一,智能推荐,开放平台。

微信的生态封闭,微信公众号十分依赖粉丝,读者只有关注了你的账号才能看到你的内容。今日头条与之不一样,是最早采用智能推荐算法的 App,它会根据你创作的内容和领域自动给你匹配对你的内容感兴趣的读者。

打个比方,如果你写的是美食评测文章,那么文章发出去之后,即便你是今天刚注册账号的新人,平台也会通过智能机器人判断你的文章质量,然后把你的文章推荐给平时喜欢阅读美食测评文章的读者。根据他们阅读后的反馈,平台再来决定是否继续给你提供流量加持。

所以,即便是新人,也不会遭遇冷启动的尴尬。

第二,创作有扶持,变现有方法。

对于新人来说,在今日头条上创作还有一个很大的优势,就是平台有作者训练营。它们会在后台默默关注新人创作者的成长,根据你创作的作品质量、粉丝数量、作品数据等情况来判断你的潜力。

到了一定时期，平台会邀请你参与一系列的培训计划，帮助你提升运营能力、创作能力和变现能力。最关键的是，这一切都是免费的。

如果你是成长期的作者，平台还会陆续给你开通更多的功能，帮助你获得更多的变现渠道，比如带货功能、付费专栏、广告收益、抽奖功能等。

值得注意的是，由于今日头条内容审核最先由智能算法进行，因此在头条号创作内容，切记内容要垂直。不要今天写美食，明天写娱乐，后天写社评，这会让审核你作品的机器人无法判断你的属性，不知道如何给你分发流量和匹配读者。

一点号

一点资讯是凤凰网旗下的资讯类 App，同样在智能算法上非常领先。由于和许多手机商家有不错的合作关系，因此其用户量也非常大。

一点号在变现渠道方面有点金计划、原创奖励、粉丝赞赏，相对于其他平台来说变现渠道较少，但好在其账号和头条号的运营思路类似，可作为矩阵账号进行补充运营。同一篇原创内容写出来以后，可以先发在头条号上，2～4个小时之后再发到一点号上。

百家号

百家号是百度旗下的内容创作平台，有着搜索引擎巨头百度的品牌背书和流量加持，还有较为稳定的活跃用户群体。另外，用户都知道百度的广告业务做得很好，因此在百家号做内容创作变现的单价比同类平台的会高一些。

在内容变现渠道方面，百家号和头条号极为相似，有广告流量（阅读量）、商品卡片（带货）、付费专栏、粉丝打赏等。

企鹅号

顾名思义，企鹅号就是腾讯旗下的自媒体创作平台，其特点就是用户基数大、分发渠道广，创作者的作品除了能在企鹅号上展现以外，还有可能被推送到腾讯的其他生态入口，比如腾讯新闻、天天快报、QQ浏览器、应用宝、腾讯视频等。

此外，企鹅号的变现方式主要以官方补贴为主，有芒种计划、百亿计划、达人计划等。它针对各种创作者创作的图文、视频等原创内容，除了给予较高的补贴金额以外，还会给创作者提供流量支持，帮助创作者顺利度过新手期。

知乎

知乎是知名的问答类内容社区，有很多各个领域的大V和意见领袖，也往往是各种网络事件发生之后不同观点激烈碰撞的地方。

现在从头开始运营一个知乎账号可能会有些晚，但如果只把它当作一个用内容变现的平台，我的建议是：如果你擅长和喜欢写短篇故事，那么非常适合投稿知乎的"盐选专栏"。如果你擅长写评测类文章或带货文，则可以开通商品卡片功能。在知乎上，带货是个不错的选择，因为很多人遇到生活中的问题或者购物面临抉择总是喜欢在知乎上搜索答案。鉴于知乎多年来营造的专业人设，在问答下直接给出购物建议、写带货文章是个变现的小捷径。

简书

简书是近些年迅速崛起的一个自由写作平台，其面对大众提出了一个"每个人都是生活艺术家"的口号，创作者可以根据自己的喜好随时记录和创作诗歌、短文等作品。

随着简书的不断发展，平台提供给创作者两大变现渠道：出版图书和开班授课。

如果你擅长写心灵鸡汤、情感抚慰类的文章，或者有关于两性成长、婚姻、心理、教育方面的特长，可以在简书这个平台做长线发展。

短篇故事类平台

南瓜屋、淘故事、每天读点故事是PC端或手机端平台，以短篇故事为主打内容，几乎涵盖悬疑、世情、古言、爱情、婚姻、奇幻、青春等所有题材。它们为短篇故事文创作者提供了多种多样的变现方式，包括稿费、打赏、广告收入、签约、主题比赛等。

此外，也可以向惊人院、真实故事计划等各种平台和公众号投稿。这些平台或头部公众号经过长期运营拥有大量的读者和流量，稿件一旦被采用就会有相应的稿酬，而且会被读者关注。通过这些平台或头部公众号切入短篇故事创作是一个不错的出道机会。

如何运营自己的平台账号

新媒体账号的运营是一个非常系统而专业的工作，但实际上因为这是一个新兴行业，国家没有设立专门的新媒体运营专业，大部分账号运营人员都是在长期的运营中摸索并积累经验的。只要掌握以下几点，再配合不断的实际操作，你就能够很快运营好自己的账号，让粉丝和流量与日俱增。

账号名称很重要

一个账号要给人以亲切感，从取名字那一刻起就要格外注意。务必让你的账号在读者面前出现一次就能被记住，要把理解成本降到最低。

回想一下，为什么很多互联网企业喜欢用小动物取名呢？如天猫、蚂蚁、袋鼠、河马、熊猫等，这些互联网企业背后都是有专业团队策划的，它们能够取出这样的名字绝对不是一拍脑袋决定的，而是运用了很多商业和心理方面的技巧。这些名字最大的好处就是朗朗上口，易懂好记，能够最大限度地降低宣传成本。

举个例子：

> 你打算运营一个美食类账号，你经过各种思虑最后给账号取了一个听起来很高端的名字：绵州食记。你非常清楚地知道这个名字的含义，"绵州"是你所在的城市古代所用的名字，"食记"代表着你想用美食来记录生活的美好寓意。

但是，读者并不在乎这些，也不知道这些。他们只会认为这个名字没有辨识度，不能在第一印象中判断出它的真正类型，从而可能会在多如牛毛般的账号中忽略它的存在。

不妨换个思路，首先想一下，自己的用户群体是哪一群人？假定他们以女性为主、年龄在 25～45 岁居多，他们热爱美食，尤其是四川本地美食，乐于分享和交流家常菜系的做法，喜欢评论互动。

那么，根据用户画像，你的账号应该叫作：四川幺妹爱做菜。

这个名字虽然看起来非常普通，却能让人一眼就明白该账号能够提供哪些内容，可以在快速帮你筛选一些用户的同时还能精准锁定部分用户。

在这个账号名字里，"四川"代表的是你所处的地区和主打菜系，"幺妹"是你的性别和人物轮廓，"爱做菜"代表的是你要输出和分享的领域。

这样的组合能让人非常直观地明白你的账号内容是什么，降低了用户的理解门槛，而且很接地气，容易引起读者共鸣。他们在看到这个账号名称的同时，会自动脑补出一个年轻的川妹子正在下厨的生动画面，这样一个初步的人设就完成了。

学会洞察网络情绪

洞察网络情绪，简而言之就是敏感地观测和预测舆论的风向，洞察到网络群体的情感需求。洞察网络情绪能够对网络事态的发展和网民情绪的走向有合理的预判，然后据此来创作文章，刚好能够迎合大部分网民的情绪，起到"为民代言"的作用。迎合民众想法的观点会被网友以群体之力推上流量的巅峰。

举个例子：

某国民零食品牌的广告宣传画面中，曾因为模特是一个"眯眯眼"而引起了轩然大波，在是否涉及"辱华"的话题上连续上了好多天热搜。

假如你是一个具有敏锐市场嗅觉的新媒体创作者，在第一时间看到该品牌的广告画面时，你就应该敏感地意识到它可能会"出事"。因为在这不久之前，好几个国际大牌都因为类似事件被网友抵制过，而在如此敏感的时期里，这个国民零食品牌竟然也选用了"眯眯眼"模特，这无疑会让敏感的网友不能不多想。

此时，你已经知道，接下来的几天就是舆论的风口浪尖，你一定要抓住时机，唯一需要斟酌的是，你的立场是正方还是反方。

一方面，你可以高举爱国大旗，利用"眯眯眼"模特及广告宣传画面中各种国潮元素加以分析，找出画面中确实涉嫌"辱华"的证据，对这种"擦边辱华"的行为加以痛斥，然后号召网友和你一起坚决抵制这家"吃里扒外"的企业。

这种做法能够迎合网络上很多爱国网友的情绪，点燃他们对于"辱华"事件本身所产生的愤慨，这股力量将会把你的文章如同一面旗帜一样推到舆论的高地。

另一方面，你理性分析了一下，虽然预感到这家企业有可能因为这几张"眯眯眼"模特海报而被网友喷得体无完肤，但从商业逻辑上来讲，这家国民企业实在没有理由这么做。毕竟按照常理来讲，这么做对这家企业的经济利益没有丝毫好处，反而会给品牌、口碑、销量带来巨大的风险，因此它有可能是一个决策失误，不可能真的涉及

"辱华"。

现在，你作为少数的冷静派，一边收集这家企业的过往资料，准备文章写作素材，一边静观其变。等大部分网民把这件事定性为"辱华"的时候，你可以抛出自己准备已久的观点，在关键时刻打出"反对牌"。你要相信网络上的沉默效应，当大部分人在发表一个相同或类似意见的时候，持反对意见的人通常会沉默，但不代表他们认同。此时，你的"另类观点"或反对言论就会成为唤起沉默派的号角，如果影响力足够大，甚至能将网络事件反转。当然，你也能因此在这场没有硝烟的"网络口水战"中一战成名、扬名立万。

值得注意的是，网络不是法外之地，无论发表什么言论，都要有理有据，符合社会主义核心价值观。任何人都不能为了获取流量而刻意哗众取宠、贩卖焦虑甚至造谣传谣，这样的做法在新媒体行业里是走不远的。

学会跟平台要流量

作为新媒体创作者，除了微信公众号以外，无论你选择在哪个平台建立阵地作为自己持续发力耕耘的大本营，流量都是创作者上升最需要的资源。而平台方作为公域流量的持有者，其有权决定如何分配流量，流量的倾斜能够让某个账号一飞冲天，流量的缩减也能让某个账号收益骤减。

因此，有经验的账号运营者除了常规创作自己的内容以外，还会紧跟平台方活动，主动参与平台方发起的创作活动，以此来获取流量支持。

平台方为了促进内容多元化或与某个商家合作推广，会推出很多官方创作活动。这些活动不仅有高额的现金奖励，还有很大的流量支持。此外，经常参与这类活动，很容易被后台编辑注意到，进而邀请你加入各种创作训练营，参加各种学习和创作活动。如此，你不仅能够提升自己的创作技巧，还能得到流量包、加油包的数据支撑。而且，如果官方有什么变现活动，如书评、影评、汽车测评等方面的资源，也会优先给予这部分作者。

图 6-1 是某一时期今日头条官方后台推荐活动，我们可以看到，这里既有为了烘托年尾气氛的"寄往 2022 的心愿"活动，也有与商家合作推广的"让世遗活起来"活动，还有促进故事创作板块繁荣的

为你推荐以下创作活动 更多 >

⭕ 寄往2022的心愿 许新年愿望，赢新春大礼包 奖金总额 1万元 ｜ 14.1万人参加	让世遗活起来 参与即有机会赢取10万元现金大奖和酒鬼酒X万里走单骑世遗联名酒 奖金总额 10万元 ｜ 829人参加
⭕ 翻阅2021 分享年度好书，赢取千元大奖 奖金总额 1万元 ｜ 3,981 人参加	⭕ 点亮真知计划 头条文化携手东风Honda英仕派，邀你翻阅山海，赢五万现金大奖！ 奖金总额 5万元 ｜ 1.3万人参加
⭕ 寻找故事家 正在写故事？投稿有奖金！ 奖金总额 2万元 ｜ 1.4万人参加	⭕ 寻找家乡好心人 参与#寻找家乡好心人#活动，最高拿5000元奖金。 奖金总额 3万元 ｜ 3,390 人参加

图 6-1 今日头条官方后台推荐活动

"寻找故事家"活动,奖金从 1 万元到 10 万元不等。参与这种活动之后,官方也会给予相关作品流量扶持,可以说是一举两得。

如何把公域流量变为私域流量

对于已经进入平稳上升期的新媒体创作者而言,在第三方平台的流量中生存仍旧显得特别没有安全感。不仅如此,就连那些粉丝超百万的头部账号运营者也时常会感到焦虑,他们担心的是平台的政策变动会对他们的收益造成影响。因此,他们会在努力争取平台资源的情况下,想出另外一个办法,即将各大网络平台的公域流量转化为私域流量。

其实,这个方法可以在账号运营之初就开始使用,以避免平台政策变化或其他变故导致自己的账号受到无法挽回的损失。

公域流量转私域流量,简单来讲,就是想办法把你在其他平台上的粉丝转移到你的公众号或微信群里,成为你的私有流量。

我们可以看到,无论是知乎还是微博、今日头条,很多账号的备注里都留有自己的微信号,很多文章的末尾也有"如果想看到更多关于××的干货文章,欢迎关注我们的公众号×××"之类的字眼。这些都是一种非常明显的公域流量转私域流量的行为。

想让平台上的共有流量变为自己的私有粉丝,我们有时需要参考以下几种营销方式。

免费送资料

一个专门做 PPT 教学的公众号,某天在各大平台账号上发布了很多精美的 PPT 截图,然后配文写的是:

> 账号运营一周年,为回馈 10 万粉丝,特此选出 120 套价值 600 元的精美 PPT 模板免费送给粉丝。获取方式:后台私信,发送"模板"两个字。

很多粉丝看到之后,都想要这 120 套 PPT 模板,于是纷纷私信账号后台。

账号设置了自动回复,弹出一张图片:请长按二维码入群。

粉丝入群之后,管理员又发出一张营销海报和一段文字,要求粉丝转发营销海报,并保留三天。

最后只有既关注了公众号、入了官方群又在朋友圈转发了三天营销海报的人,才会得到一串网址,可以在里面下载一些免费的 PPT 模板。

经过这样一连串操作,这个账号不仅把平台上的公域流量成功地导入了自己的公众号,变成了自己的私域流量,还让他们加入了自己的粉丝群,建立了社群营销的基础,更是让粉丝免费为自己的活动做了三天宣传,由此又引来了第二波粉丝。

以此类推,这样的"免费送"活动适用于很多知识分析类的账号。如果你运营的是这类账号,手里掌握了一部分免费资源,也可以模仿参考这种方式,尝试把公域流量转为私域流量。

大 V 光环

有些新媒体创作者会在做了一段时间，积累了一定的粉丝和人气之后，放出自己的个人微信号，允许粉丝添加，并承诺可以一对一帮读者解答一些专业领域的问题。

虽说放出的是自己的个人微信号，但这同样是一种私域引流策略。凭借着创作者本身在网络上积累的人气、信任度和大 V 光环，很多读者认为你在这个领域里是专业的、值得信赖的，便加了你的微信，未来在有需要时方便咨询你，而且也很有面子。

这种方式比较适合观点类文章的创作者，比如专门输出房地产内容的、汽车领域的、智能电子产品类的，范围非常广泛。

1 元课

有些付费专栏会在某个营销节点推出"1 元课"活动，用极低价的策略吸引读者或用户参与。实际上大多数课程链接或直播讲座都需要通过微信群由助教统一安排，这样一来，就完成了公域流量转私域流量的动作。

大多数这样的课程都类似于"试听课"，一般只放出一些精华片段，用以吸引读者购买全价课程。

这种方式能够同时完成引流和卖课两大任务，因此非常适合课程、专栏、教程内容创作者尝试使用。

有了自己的私域流量之后，账号运营人员无论是带货还是做知识付费都是顺理成章的事情，变现也会逐步进入几何倍增的快车道。

如何进行自我营销

在喧嚣的网络时代，除了那些令人始料未及的网络事件以外，任何事物想要快速被人知晓、被人了解、被人认可，都离不开营销或自我营销。

新媒体内容创作者是距离网络很近且高度依赖网络的一群人，在创作文章和运营 IP 时就更不能忘记自我营销了。

试想一下，我们创作一篇文章，首先会策划选题、搭框架、找素材，写作完成之后还要费心费力地为这篇文章取一个夺人眼球的标题，这一切都是为了能让自己的作品被更多的人看到。文章的推广尚且如此，何况对于我们写作者本人呢？

如今的写作者和几十年前的写作者在方方面面都不大相同，尤其是新媒体创作者，不要抱着深居简出的生活态度，只顾埋头写作。我们要经营好自己的人设，适度对自己进行营销包装也是很有必要的。

近几年我们频繁听到"去中心化"这个词语，对应到我们新媒体写作行业里，其实"去中心化"更多的就是"去权威化"。其区别于以往所有受众围绕着几个中心点的传播模式，把中心化向外辐射的方式逐渐演化为每一个人都是一个中心点，每个人都可以发出自己的声音，去影响自己周围的人。

因此，在网络世界里，你可能会关注一个看起来平平无奇的普通人，他不是业界权威、不是娱乐明星，甚至不算网红大V，你关注他可能就是因为他每周都会写一篇读书笔记，你喜欢他娓娓道来的叙述风格，喜欢他推荐的阅读书单，仅此而已。

在某种意义上，他在你的某种认知中具有了一定的影响力，如果这样的影响力扩散开来，他就会进一步影响更多的人。当影响的人达到一定数量的时候，他就成了这个领域里的KOL，也就是关键意见领袖。

他在长期的账号运营和人设经营上获得了很多粉丝的认同，这种认同感和影响力本身就是价值。这种价值凸显的最直接表现就是会有书商、出版社找他合作，比如每次出版社出书都会先请他写个书评，或者请他在粉丝群里做一波福利活动，提高新书的知名度，从而获得更高的销量。这种情况在其他领域里，也都大同小异。

KOL在自己所处的领域里有一定的话语权和影响力，可以帮助合作商提高产品知名度或增加订单销量。反过来，合作商也用经济利益滋养KOL在自己所处领域里持续创作，而读者因为信任KOL的推荐，可以为他们节约筛选商品的时间和成本，形成一个完美的三方闭环。

一般而言，一个普通人要成为某个领域里的KOL，需要按照步骤做好以下几件事情。

有一个极为突出的特征

在评论歌手的时候，我们时常会说到一个词语叫作"声音的辨识度",这个辨识度就是一名歌手最为突出的特征。

作为新媒体从业者,你也需要找到自己最突出的、最醒目的、最让人难忘的特质。这种特质有可能是颜值、身高、声音、语气、职业、技能、观念等一切与众不同且能够展示给受众的东西。

给自己贴个标签

为什么一定要给自己贴上一个标签呢?因为人天生喜欢把复杂的事情简单化,这样有利于自己记忆,还能减少大脑能耗。

回想一下,你有没有经历过这样的场景:在办公室和朋友聊天的过程中,听到某个同事说自己老家的房子可能要拆迁了,马上就有人起哄喊他"拆二代";如果有人买了一辆豪车,也会有人打趣说"哟,'富二代'啊";如果有人多点了一份好吃的外卖,就会被称为"吃货";如果有人特别喜欢看书,就被称为"文艺青年";刚刚进公司的实习生,往往被称为"小透明"。

无论是拆二代、富二代、吃货还是文艺青年、小透明,这些词都是人们在巨量信息的裹挟下,自发地想要用最简单的标签定义一个人,以便在复杂的社交环境下能够快速而简单粗暴地对周围的环境和人进行分类。

我们给自己贴标签,是为了让广大读者和用户能够对我们进行快速理解、认知,并且形成记忆的动作。

这同样是为了减少用户的理解成本。这个时代的信息太过繁杂、太过冗余,每天无数的信息在我们眼前流过,但凡读者看到你的作品的时候，稍微一犹豫就直接略过了。因此，我们呈现给读者的人设应尽可能是简单的、直接的，便于理解的。

这就像我们每个人的微信签名一样，一个女孩也许会写"醉后不知天在水，满船清梦压星河"，另一个女孩也许会写"我来人间走一趟，要做一辆小火车，因为可以狂吃，狂吃，狂吃……"

看到这两个不同的签名，我们可以猜测，第一个女孩可能是个热爱古诗词的文艺青年，第二个女孩可能是个热爱生活、喜欢美食的吃货。

这种印象源于我们思考后的结果。如果这个时候你看到第三个女孩的签名是"喜欢王者荣耀的铲屎官"，你几乎不需要猜测和理解，立即就能明白，这是一个喜欢打游戏和养猫的女孩。

当然，自媒体人给自己贴标签不能这么随意，应该着重突出自己的专业技能和性格特征，让人设标签跟自己的作品有一定的关联性，最好还能对作品有助推作用。

比如，专注做搞笑内容的公众号"冷兔"给自己设定的标签就是"爱生活，爱讲冷笑话"；而言辞犀利喜欢评论各种奇葩社会事件的公众号"小声比比"给自己设定的标签就如同其文风一样，是"世界喷子协会北京分会（名誉理事长）"。这两个案例中，公众号对自己标签的设定，一个非常符合自己的创作领域，一个非常符合自己的性格人设，都是非常不错的案例。

相信你在网上冲浪的时候，也会时常看到和听到一些网络账号、大V、意见领袖时常会提到自己的标签或是节目口号。随着他们不停地重复，有些甚至已经成为耳熟能详的名句，比如那句："我是 papi 酱，一个集美貌与才华于一身的女子。"

打造自己的爆款作品

新媒体写作实际上每一次都是在探寻爆点、洞察和押宝互联网情绪。当某篇文章正好踩在了某个事件的风口浪尖，或者切中了用户痛点，或者迎合了大部分人的某种情绪时，其就会被推上流量的宝座，成为一个爆款作品。

实际上，虽然写作者可能每个月、每年都会输出很多作品，但真正能够帮你吸引到粉丝获得知名度和影响力的还是那几篇偶尔冒出的爆款文章。

爆款作品拥有如此大的能量和影响力，以至于只要是自媒体领域的从业人员，几乎人人都在追求爆款。他们甚至相信有一种东西叫作"流量密码"，指的是当创作者无意间写出的作品突然在意料之外变成爆款时，他们就会突然恍然大悟，从而产生"哦，原来读者喜欢这口儿啊"的感觉。从此，他们就会围绕这个爆款的题材进行重复创作，试图"复制"出更多的爆款文章。但实际上，你可以在不断重复中造就自己的人设和风格，却很难用同一种类型不断取悦读者，打造篇篇都是爆款的神话。

个别公众号自认为掌握了现代社会人们的"情绪密码"，用制造焦虑、贩卖焦虑的方式不断"恐吓"读者，就能爆款作品频出。这种不道德的行为违反了自媒体创作者的职业素养和操守，因此是不能长久的。

虽然没有一个绝对能够写出爆款文章的秘籍，但我相信，只要遵循我们前几章的创作规律，再加上"永远为读者输出有价值的作品"这样的初心，爆款文章是很快就会出现的。即便没有，读者也能从你的每篇文章中感受到陪伴的温暖和文字的价值。

找到自己的阵地

你在网络上发表作品，其实都是在发出自己的声音，把自己的思想变成文字，在广袤的网络空间里和别人发生交流碰撞，从而产生影响的涟漪。

当你在一个平台里持续耕耘，你会吸引越来越多与你观点一致的人，逐渐产生自己的影响力。这样的影响力刚开始只限于某个独立的平台，比如微博、知乎、今日头条等。随着在平台上的影响力不断提高，你需要进行"破圈"行动，即从一个熟悉的平台扩展到另一个平台，甚至蔓延到更多的平台，让自己产生更大的影响力。

当然，这并不是一件容易的事情。在一个平台上耕耘久了，你了解了平台算法，了解了推荐机制，了解了平台的用户画像和阅读习惯，甚至和某些板块的负责人、编辑都非常熟悉，你在这个平台如鱼得水，逐渐进入了舒适区，有一天你会发现想要跨平台运营自己的账号是一件极为困难的事情。

平台与平台之间有着不同的推荐机制、后台算法、运营策略，用户的阅读习惯和群体性格也都不太一样。比如今日头条和知乎都是非常优秀的平台，但对于习惯今日头条创作思路和运营策略的创作者，他们在进入知乎以后，大都会显得有些水土不服。反之亦然。

解决的方法有两种，一种是我们在一开始运营账号时，就要了解和学习其他平台的规则和特点，这样等我们打算跨平台操作的时候，至少不会冷着陆。有精力的话，也可以在中期尝试增加一两个平台的运营，尝试用实际操作的方式去了解这个平台的规则。

还有一种方法，是对于在某个平台上已经取得成功、拥有一定变现能力的账号，这类账号一般在准备跨平台操作的时候，都会改变单打独斗的策略，开始招募人手转为工作室或公司性质。这样无疑会让跨平台运营得更加顺畅，但无形之中从个人转为公司也会在无形中增加一些商业上的风险，有利有弊，你可以根据自己的实际情况酌情处理。

包装营销自己

在做了一段时间自己账号的运营之后，应尽可能给自己加一些头衔，能够认证的平台一定要加黄V认证，认证之后的账号看起来会更权威、更可信一些。这也标志着你从此就不是一个普通网友用户了，你已经是专门吃这碗饭的人了。

加V认证方面，一般有两种情况：一种是兴趣领域认证，一种是职业认证。

兴趣领域认证代表着你在这个兴趣领域里是专业的、意见领袖级别的存在，比如你会经常看到有些账号的后面有"数码博主、优质数码领域创作者"或是"优质娱乐领域创作者"之类的认证，就代表这个账号在该领域获得了官方认可，其长期在自己的领域里输出了大量优质内容。

申请兴趣领域认证在各平台往往有不同的条件，有些要求你在过去一个月里已经连续输出了10篇左右的优质文章，有些则要求你已经达成了1000的粉丝门槛，有些则要求你的账号信用分数维持在某个区间，或者没有被投诉的记录。

除此以外，职业认证也是常见的黄 V 认证途径，如果你从事的职业具有一定的专业性和权威性，并且和你运营的账号领域密切相关，那么你可以直接进行职业认证。

后台一般会要求上传一些在职证明或资格证书的图片来验证真实性，比如教师资格证、记者职业资格证、会计从业资格证、律师从业资格证等各类技能证书。当然，如果没有证书，也可以通过在公司开具在职证明并加盖公章的方式进行认证。

相对而言，职业认证比兴趣领域认证更加权威一些，因为读者会认为你本身在现实生活中就是这个行业的从业人员，会比单纯的爱好者更可信。

除了账号的认证以外，还要尽可能地多参加业内活动，结交业内大咖。如果自己有了一些成绩，尤其是出了爆款文章、接了广告、获得了奖项、粉丝突破了××万的节点，就要有意识地进行一些个人账号的宣传。这既能让读者看到你一路以来的成长，打心底里为你感到欣慰，认为关注你是正确的选择，也能让平台官方、行业人士、广告商家等资源方注意到你的影响力正在慢慢变大，这对后期资源对接和做大做强都有着推动的作用。千万不要放过这些自我营销的好机会。

附 录

投稿的正确方式

对于新媒体创作者而言，投稿变现是增加收入的一大途径。

因此，作品写好之后总是要面临如何投稿的难题。很多人可能会认为投稿很简单，就是把文档整理好发送到用稿平台的邮箱，然后等待对方审稿后回应就好了。

其实，实际上投稿远没有这么简单，不然就不会出现有些实力相当的作者，过稿率有高有低的现象了。

我们整本书都在讲一个观念，那就是用户思维，即写作要站在读者的立场上思考问题。以此类推，投稿就要站在用稿平台的角度思考问题。

本章我们就详细谈谈如何站在用稿平台的角度去投稿，以及如何提高我们的过稿率，让变现来得更有效率。

选择投稿平台

投稿之前，我们需要知道自己的稿子适合投向哪些平台，与哪些平台的匹配度最高。

在选择投稿平台时，我们需要问自己以下三个问题：

第一个问题：这个平台收什么样的稿子？

每个收稿平台都有自己的定位，有些是主打情感文的，有些是主打故事文的，还有些是主打拆书稿的，你需要根据自己的创作内容对号入座。

第二个问题：这个平台有什么特殊要求？

进入你喜欢的公众号菜单，找到投稿须知一栏，详细阅读该平台对于投稿的要求，尤其是和同类平台不一样的特殊要求。有些平台喜欢更真实的故事，有些喜欢更优美的文笔，有些喜欢更多的泪点，有些喜欢在故事中设置更多的反转……

针对平台的特殊要求去创作，能够让你的作品更精准地命中对方的过稿审核标准。

第三个问题：能不能先"撩"编辑？

有些平台的约稿函里会放出编辑的联系方式，如果有，就一定要先联系编辑，把你的选题思路先发给编辑，沟通之后再开始创作。这样投稿的过稿率最高，也避免了那种编辑不知道收到的稿件是什么内容，作者不知道编辑要的是什么的"双盲投稿模式"。

在投稿之前，除了要注意以上三个问题以外，还要学会"扫榜"。这个词最早是从网文作者那里传出来的，意思是如果你要向某个平台投稿，最好的办法就是把这个平台上数据排名前 10 的文章都看一遍，你就能明白这个平台最喜欢的是哪种稿件了。

新媒体写作者同样也是如此，你可以选择一个自己准备投稿的公众号，按照时间顺序读完最近的 10 篇文章，基本上就掌握这个平台的收稿方向和类型了。

最后，你还要注意不要一稿多投。因为万一你的作品被两个以上的平台同时看上，就会出现"撞稿事件"，很多平台是不允许的，被发现后会让你在这个行业里的路会越走越窄。

投稿小技巧

作品以 Word 或 WPS 文档形式进行保存，标题用三号标题字，正文字号用五号，行距为 1.5 倍，字距默认。

发邮件时，邮件名称按照"投稿+作者名字+标题"的格式来写，会显得比较规范。

作品的标题尽可能按照收稿平台的风格进行模仿或自己创作，以贴合平台的调性。如果是故事稿件，最好在正文之前写 100 字左右的故事简介。

我们把稿件尽可能规范地投给用稿方，实际上就是站在对方的角度思考，最大限度地减少对方的麻烦。

试想一下，如果你是编辑，每天看稿件看得头晕眼花，这时你收到一封投稿邮件，名字叫作《我家的黑猫》，作者没注明名字、字数。你耐着性子打开一看，里面的字体格式十分混乱，字号很小，段落密集，看着让人头大。

你忍着眼睛的酸痛看了 10 分钟，发现其中通篇讲述的就是自己和宠物猫的故事，而你是一个喜欢职场故事文的编辑，这篇稿件跟你想要的东西风马牛不相及。

你关掉邮件，发现已经过去 25 分钟了，在这段时间里，你毫无所得，唯一的收获就是眼睛更酸痛了。

所以，作为新媒体创作者，投稿前做的准备都是为了能够在编辑面前显示你的专业和你的严谨，你为对方考虑的一切都会为你个人、为你的作品加分。

关于拒稿

最后，作为写作者要有这样的心理准备：一定会迎来拒稿的考验。这个世界上没有哪个作家不是从成堆的拒稿、废稿中爬起来的。

你所喜欢的那些作家，那些文学巨匠，脚下踏着的都是拒稿堆积成的基石，更何况我们呢？

作为初出茅庐的写作者，被拒稿是很正常的事情。我们要放平心态，不要因为被拒稿而妄自菲薄，也不要因为被拒稿而怀疑自己，更不要因为被拒稿就一蹶不振。

被拒稿之后，我们可以做两件事：一是审视自己的作品是否达到了平台收稿的标准，是否能够继续改进；二是尽快忘掉这件不愉快的事情，以轻松的心态开始下一篇文章的构思。

相信我，你的每一篇废稿都有价值，正是因为它们的存在，才铺就了你未来的成功之路。

后 记

视频时代，文字依然有未来

近些年，短视频非常火，很多人会悲观地认为视频将会取代文字，成为人们获取信息的崭新途径。言下之意，就是文字已经过时了，生动有趣、动态图像加音乐的视听影像才有未来，甚至有人把新媒体图文称为"古典自媒体"。

其实，我们仔细想想就应该知道，文字和视频其实不存在竞争关系，它们之间是相互嵌套的关系。文字是组成一切信息的底层代码，无论是语言沟通还是视频流媒体，一切的信息流动都需要文字在其中作为最基础的底层架构，起着至关重要的作用。

其实，这不是人们第一次担心文字会被取代。早在电视机问世时，人们就有过这样的担忧，其中甚至包括一些社会权威人士认为未来人们将会被电视机吸引，会彻底丧失对图书和文字的兴趣。后来有了电脑，这样的话题又一次被提及，甚至有人提出了"无纸化办公"的概念。可现在距离电脑普及已经过去了一二十年，无论我们手里有性能多么强悍的电脑，随手用笔在笔记本上做个记录依然是生活和工作中最常见的场景。

视频也不是什么新生事物，如今的短视频不过是把不方便携带的电视机换成了可以随时观看的手机而已。制作方面，把昂贵的摄像机换成了手机，内容相对以前严谨制作的节目也更简单了。这使得短视频从制作到剪辑的门槛直接大大降低，由此而开启了短视频的繁荣年代。

短视频的繁荣实际上对文字内容没有造成太大的影响，那些喜欢刷短视频的用户原本就不是文字内容的消费者。简而言之，短视频用户的激增不是从图文内容用户那里抢夺过来的，而是两者本身就拥有属于各自领域的不同用户。这些用户虽然偶尔会产生交集，但大多数时候仍然会在各自领域里进行内容消费。

2020年新榜和今日头条共同发布的《2020内容创作发展趋势报告》显示，2020年，在内容创作体裁的分布方面，图文占83.7%，短视频占45.9%，音频占11.5%，直播占11.4%。

尽管短视频的观看数据持续上涨，但图文仍是内容创作者最常用的体裁。尽管短视频、音频、直播等新内容数据攀升很快，但各个体裁之间各有适用门类、适用场景、适用深度，彼此之间无法取代，而是呈现互为补充、共同发展的态势。

所以，无论短视频发展得再怎么火热，图文内容依然有着坚定的读者群体，他们养成了阅读文字的习惯，拥有冷静思考的能力，能够抵御短视频内容带来的"短暂快感"。

文字是经历数千年历史而一脉传承的文化DNA，是流淌在每个人血液里的底层代码，永远也不会被任何形式的媒介取代。

事实上，短视频的繁荣不仅没有挤压图文创作者的生存空间，反而创造了更多的崭新机会，使得文字工作者可以进一步拓宽思路，拥有更多的变现渠道可供选择。

我们知道，在泛娱乐领域一路高歌猛进的时代，短视频、游戏、综艺、影视剧、动漫等这些娱乐行业的主力先锋都会出现不同程度的繁荣。但是，文字恰恰是这些行业的灵魂，正是这些行业的繁荣发展，创造了更多文字工作者的就业机会及变现窗口和渠道。

短视频的高速发展同时也催生了短视频编剧的诞生，游戏行业需要有游戏背景、剧情作者，影视剧需要大量的故事编剧，这些都为文字工作者提供了更为广阔的发挥空间和崭新的赛道。

我们公司有一个新媒体图文编辑岗位的同事，是个年轻的女孩子。

因为公司上马了短视频项目，选择的刚好是关于职场的剧情短视频，这个女孩就尝试在业余时间写了几个短视频剧本。这对长期写图文内容的编辑而言并不是难事，结果视频按照剧本呈现出的效果特别好，她也大受鼓舞。除了给公司内部的视频小组供稿外，精力旺盛的她也凭借着活跃的思维和网感长期给一些百万级大号写短视频剧本，拿到了高额的稿费报酬，甚至远远高出了工资收入。

这是一位图文编辑通过转变思路后，把自己的文字创作能力进一步拓宽，从而具有了一种技能、多种变现渠道的优势。这样的例子，在新媒体创作者群体里比比皆是。

在我的写作微信群里,有一个故事创作者,同样是个女孩。

大家都知道近几年剧本杀市场爆红,一份剧本杀游戏剧本能卖到几万元到十几万元不等。这位故事创作者原本就是写悬疑故事文的,她拓展思路学了一下剧本杀的写作技巧,马上就创作了几部质量不错的游戏剧本,并且卖出了不菲的价格。

还有一位作者朋友在创作的变现上更是脑洞大开。他把自己写出的短篇故事发到网上之后,为了获取更多的流量,就把文字复制粘贴到剪映里,利用软件的自动朗读功能,再加上烘托气氛的图片,自动生成一个小说视频,操作简单但效果显著。这些小说生成的视频反倒让很多人关注了他,从而去搜索他的其他作品。

通过以上几个例子,我们可以看出,文字写作能力是一种基本功。在这个基本功上可以衍生出各种各样的变现招数,只要我们掌握了写作技巧,通晓了网络传播的基本特征,洞察了市场情绪和需求,无非就是改变思路换个写法而已。

在如今的新媒体时代,尤其是和网络产生强相关的行业,内容时时都处在流动的状态中。没有哪种题材是永不过时的,没有哪种文风是通吃的,也没有哪种写作技巧是万能的。

作为新时代的写作者,我们或在观点文中大声疾呼,或在情感文中浅吟低唱,或在带货文中互通有无,或在故事文中创造世界。无论你选择了哪个领域,走上了哪条赛道,从此以后都将和以往的生活不一样,你的每个字、每句话、每篇文章都像是投入互联网湖心的石子,会荡起一圈圈的涟漪,甚至会如同炸弹一样引起轩然大波,或多或少都会影响到其他人的思想、生活乃至决定。

因此,作为写作者,我们要尊重读者、敬畏文字,一边用文字和思想创造价值,一边恪守职业操守,不忘初心,做一个有道德底线、有基本原则、有正向能量的新媒体创作者。

北京阅想时代文化发展有限责任公司为中国人民大学出版社有限公司下属的商业新知事业部，致力于经管类优秀出版物（外版书为主）的策划及出版，主要涉及经济管理、金融、投资理财、心理学、成功励志、生活等出版领域，下设"阅想·商业""阅想·财富""阅想·新知""阅想·心理""阅想·生活"以及"阅想·人文"等多条产品线，致力于为国内商业人士提供涵盖先进、前沿的管理理念和思想的专业类图书和趋势类图书，同时也为满足商业人士的内心诉求，打造一系列提倡心理和生活健康的心理学图书和生活管理类图书。

《拆解一切故事写作》

- 新手写作快速入门，从灵感碎片、情节设置、人物塑造到成功结尾手把手传授写作技巧，
- 铲除写作过程的每个问题。
- 帮助读者掌握有效构建的故事的技能，学会打造精彩好看的故事。

《会讲故事的人都这么讲》

- 从零开始，讲一个属于自己和听众的"热播剧"。
- 用编剧思维来打造极具魅力的表达力。